BEI GRIN MACHT SICH IHR
WISSEN BEZAHLT

- Wir veröffentlichen Ihre Hausarbeit,
  Bachelor- und Masterarbeit

- Ihr eigenes eBook und Buch -
  weltweit in allen wichtigen Shops

- Verdienen Sie an jedem Verkauf

Jetzt bei www.GRIN.com hochladen
und kostenlos publizieren

Daniel Rosenberger

Hartzer Roller

Aus dem Leben eines Habenichts

GRIN Verlag

Bibliografische Information der Deutschen Nationalbibliothek:

Die Deutsche Bibliothek verzeichnet diese Publikation in der Deutschen National-
bibliografie; detaillierte bibliografische Daten sind im Internet über http://dnb.d-
nb.de/ abrufbar.

Impressum:

Copyright © 2014 GRIN Verlag, Open Publishing GmbH
Druck und Bindung: Books on Demand GmbH, Norderstedt Germany
ISBN: 978-3-656-59220-4

Dieses Buch bei GRIN:

http://www.grin.com/de/e-book/266046/hartzer-roller

Daniel Rosenberger

Hartzer Roller
Aus dem Leben eines Habenichts

Berlin 2014

Inhalt

Prolog

Wieder eile ich durch die Lindenstraße und bleibe stehen vor dem riesigen Koloss des Verlagshauses, das sich der Pressemagnat, Axel Springer, einst schuf, als er eine repräsentative Bleibe in Berlin benötigte. Die gläserne Fassade des Bürotempels erhebt sich vor mir wie ein aufgeschlagenes Buch. Im Jahre 2009, fünfzig Jahre nach der Grundsteinlegung komplettierte der Starbildhauer, Stephan Balkenhol, das Ensemble mit der Bronzestatue eines Mannes, der auf einem Stück Mauer balanciert. Ich halte davor inne, wenigstens für einen Moment. Sommers wie winters nur leicht bekleidet mit einem weißen Hemd und schwarzer Hose, verharrt der Mann standhaft da oben auf nur einem Bein. Beim Anblick des hemdsärmeligen Herrn kriechen mir die zwanzig Grad minus dieses Februar-Morgens noch eindringlicher unter die Haut. Ich muss ohnehin gleich weiter zu meinem eigentlichen Bestimmungsort ganz in der Nähe, dem Arbeitslosenarbeitgeber *Ikarus*. Vor fast zehn Jahren begann ich meinen ganz persönlichen Balanceakt, seit ich mich das erste Mal auf einer deutschen Sozialbehörde meldete.

Damals wusste ich freilich nicht, wie lange ich mich aus ihren Fängen nicht mehr würde befreien können. Je länger aber jemand ohne eigenes Einkommen und damit ein Habenichts bleibt, um so mehr haftet ihm auch der Geruch an, ein Taugenichts zu sein. Joseph von Eichendorff schrieb einst eine Novelle unter dem Titel *Aus dem Leben eines Taugenichts*. Der Titel spiegelt das Image, das sein namenloser Protagonist in den Augen der Gesellschaft schon damals im 19. Jahrhundert hatte, weil er fröhlich kreuz und quer durch die Lande zog, mit nichts als seiner Geige als Besitz. Und weil er allenfalls aus Liebeskummer traurig war, nicht aber über das Fehlen eines geregelten, soliden Einkommens. Nach einigen Bogenfahrten durch halb Europa findet der vermeintliche Taugenichts bei Eichendorff am Ende doch noch seine Erfüllung und kann mit der Liebe seines Lebens im Arm in eine glückliche Zukunft schauen. Ebenso, nur weniger freiwillig, erlebt auch der Habenichts heute so seine Abenteuer mit Unwägbarkeiten, die er sich vorher im Traum nicht hätte vorstellen können. Allein die Sache mit der glücklichen Zukunft bleibt für ihn offen. Denn gibt ihm dieselbe Gesellschaft, die das alles nicht gutheißt, weiter und weiter keine Möglichkeit der Leistung für Gegenleistung, treibt sie ihn um so nachhaltiger in die Arme jener Dame, die ihn zwar ernährt, ihm dafür aber auch eine Menge unlösbarer Rätsel aufgibt. Und dann erst verwandelt sich das ganze Leben in eine Odyssee.

Einige schöne Überlieferungen aus dem Reich der Mythen können einem da einfallen, um den Zustand gebührend zu bebildern, der den so vom rechten Wege Abgekommenen ereilt. Seien es die Meeresungeheuer, von denen es heißt, dass sie ganze Schiffe mit sich in die Tiefe ziehen. Oder die Medusa, die jeden zu Stein erstarren lässt, der sie zu genau anschaut. Oder man denke an die Seefahrer, um die es geschehen war, sobald sie jener Insel zu nahe kamen, wo die betörend schön singenden Sirenen wohnten. Auch wer in die Arme der Sozialwirtschaft fällt, merkt erst nichts, dann ist er verzaubert, dann gelähmt. Es sei denn, jemand ist so schlau wie Odysseus und hat ein paar Gefährten an seiner Seite, die ihn – mit Oropax präpariert – dabei helfen, sich dem einlullenden Einfluss rechtzeitig wieder zu entziehen. Wie Odysseus am Beginn seiner Irrfahrt ahnte ich nicht, was alles auf mich zukommen würde, als mir die Sozialbehörde nichts Geringeres nahelegte als die Neuorientierung meiner gesamten Lebensplanung...

Im Flugsimulator

Nicole war Stewardess, bis sie ihr Kind bekam. Da war es vorbei mit dem fröhlichen Jetten um den halben Globus. Keine Kita der Welt hätte ihre Kleine für die Länge eines Fluges nach Hongkong und wieder zurück aufgenommen, und das in schöner Regelmäßigkeit. Nicole hatte ihren Job geliebt, auch wenn sie von Hongkong, Moskau oder London mitunter nur ein Hotelzimmer zu sehen bekam. Meist reichte der Zwischenaufenthalt doch für eine kleine Erkundungstour durch das jeweilige Reiseziel ihrer Fluggesellschaft. Noch heute kommt sie ins Schwärmen, wenn es um Flugzeuge geht. Seit drei Wochen hat sie nun die Gelegenheit, ihre Träume unter professioneller Anleitung aufzufrischen. In einem Orientierungs-/ Motivations- und Bewerbungskurs für Langzeitarbeitslose. In diesem Kurs lernte ich sie kennen. Die Schulung fand in Schöneberg statt bei einer Organisation namens *Click*. Sie heißt wohl so, weil ihre Kundschaft sich aus Leuten zusammensetzt, deren Festplatte unterm Schädeldach schon begonnen hat zu hängen und die deshalb einen Motivationsschub brauchten, sozusagen einen Click auf den Reset-Button. Der Kurs wurde geführt von zwei Damen gleichzeitig – das können sich nur gemeinnützige Organisationen leisten – mit hohem, kreativem Anspruch.

Die erste Aufgabe der fünfzehn Teilnehmer war es, einmal auf einem Din-A3-Bogen aufzuzeichnen, wie sie ihren Lebensverlauf bis hierhin einschätzen und wo sie sich gerade stehen sehen. Auf den Bildern war meist über den Stand der Dinge nicht so viel zu erkennen wie in dem Begleittext, mit dem die Teilnehmer dann ihr Werk kommentieren durften. Die Berufsausübungsferne der Damen begründete sich meist mit ihrer mal mehr, mal minder alleinerziehenden Mutterrolle. Wie bei Nicole. Auf ihrem Blatt fand sich folgerichtig ein kleines Flugzeug links oben in der Ferne und ein um so größerer Spielzeugberg nebst Kind rechts unten. Ich selbst hatte mit der Kreativität eines Mathematikers ein Diagramm gezeichnet, das meine Erlebnisse auf einem Zeitstrahl zeigte. Mal schlug dessen Kurve in die positive Richtung aus, siehe Studienzeit; ein anderes Mal rutschte sie in den negativen Bereich ab. Zum Beispiel in der Lehrzeit, als sich alle Azubis in einem Übungslager im Harz einer paramilitärischen Ausbildung unterziehen mussten – so richtig mit Exerzieren, Schießen und Geländelauf. Seit anderthalb Jahren dümpelte nun die Kurve wie auf einem schlechten Kardiogramm nahe der Nullinie entlang. Meine Graphik erklärte sich geradezu von selbst. Jedenfalls nickten alle verständnisvoll und nachdenklich.

Als nächstes stand eine ausgiebige Einführung in die Rechte und Pflichten eines „Arbeitslosengeldzweiempfängers" auf dem Programm. Die Liste der Pflichten war erwartungsgemäß etwas länger. Ein weiterer Programmpunkt bestand darin, einen Kurzvortrag vor der gesamten Innung zu halten. Das war kein Problem für mich, hatte ich das doch an der Universität ausgiebig gelernt. Ich brachte zwei Fotos mit. Das eine zeigte eine Weltraumaufnahme, das Siebengestirn im Sternbild Stier. Auf dem anderen war ich im Hofbräuhaus zu München abgelichtet mit einer Maß Bier in der Hand. „Heute will ich euch mal erklären, wie der klassische Dreischritt der Kurzansprache geht. Da haben wir also auf der einen Seite die Sterne – These – und auf der anderen das Bier – Antithese." Wie sollten sich diese beiden nun zu einer Synthese vereinen? Das verbindende Dritte ist Daniel, der seit seiner Kindheit ein großer Astronomie- und *Star-Trek*-Fan ist, der aber auch sehr gerne Bier trinkt. Und der es schon geschafft hat nach einem Kneipenbesuch in München, als er sich dort noch nicht recht auskannte, mit Hilfe der Sterne den Weg nach Hause zu finden. Dem allgemeinen Gelächter nach ging das nochmal richtig gut.

Aber in der letzten Woche stellte mich das Damen-Dozenten-Duo vor eine nahezu unlösbare Aufgabe. Sie luden die Kursteilnehmer ein, es sich gemütlich zu machen und einmal vorzustellen, ihnen begegne auf einer schönen Sommerwiese die Fee des Wunscharbeitsplatzes. Auch ich sollte mit ihr zunächst in meinem Inneren kommunizieren und meine Wünsche ganz frei von Sachzwängen erörtern. Das Ergebnis der Unterredung mit der Fee sollten alle dann auf einem Din-A3-Blatt in einer Collage verarbeiten. Die Collagen der Damen zeigten vor allem Strände mit feinem, weißem Sand, Sonnenschirme und Liegestühle. Die meisten von ihnen hatten also erst einmal vor, ausgiebig in der Welt herumzureisen, fremde Kulturen kennenzulernen oder einfach irgendwo, wo die Sonne immer scheint, bei einem Drink auf der Terrasse mit Meeresblick zu liegen … und den Mann arbeiten gehen zu lassen. Allein das Flugzeug auf Nicoles Blatt gab der leisen Hoffnung Ausdruck, dass sie damit allzu gern auch wieder dienstlich unterwegs sein würde. Von Collagen habe ich nie viel gehalten – diese als Kunst getarnte Schnipseljagd. Also griff ich zum Stift und begann zu zeichnen: Daniel bei der Recherche in der Universitätsbibliothek, Daniel im Beratungsgespräch mit einer Studentin, Daniel zeigt etwas an der Tafel im vollen Hörsaal. Bloß, dass ich mein Wissen einmal in der Forschung weiter entwickeln und in der Lehre zum Besten geben wollte, darauf wäre ich wohl auch ohne das Gespräch mit der Fee gekommen. Hernach kam mir eine Idee: wahrscheinlich hat das Damen-Dozenten-Duo ein paar Jahre früher selber in einer solchen

Schulung gesessen und die Fee gefragt. Und ihre Antwort hat gelautet: Dozentin für Motivations-/ Orientierungs- und Bewerbungskurse für Langzeitarbeitslose.

„Zu Gast bei Freunden"

Ich saß mit Nicole auf dem Balkon ihrer kleinen Wohnung in Schöneberg bei Brot, Käse und Wein – passend zu den mediterranen Temperaturen an diesem Abend. Die Fußball-WM stand vor der Tür, und wir besprachen unsere erste Expedition zur Fan-Meile hinterm Brandenburger Tor. Frei nehmen mussten wir dafür schon mal nicht, denn inzwischen hatten wir den Orientierungs-/ Motivations- und Bewerbungskurs für Langzeitarbeitslose erfolgreich beendet. Erfolgreich bedeutete in diesem Fall, wir hatten uns durch regelmäßige Anwesenheit noch eine Einzelbewerbungsberatung verdient. Jetzt aber sannen wir erst einmal darüber nach, welche Gegenstände wir auf keinen Fall vergessen durften, gar nicht erst mit auf die Fan-Meile zu nehmen. Da war einiges, worauf ich sonst eigentlich ungern verzichte: das Messer in der Hosentasche, das Bier aus der Region und ein Deo-Spray im handlichen Taschenformat zum Nachdieseln. Die größte Hürde würde für mich sein, das Bier aus der Plastikflasche trinken zu müssen. Zur Einstimmung auf das Großereignis schenkte mir Nicole einen Fan-Wedel, das heißt einen Staubwedel in den Farben der deutschen Flagge. Wenn die deutsche Mannschaft mal wieder nicht Weltmeister werden sollte, hatte ich wenigstens schon das richtige Utensil für den Kehraus.

Nach geklärtem Eigenbeitrag zur WM und ein Paar Gläser Wein später philosophierten wir wieder einmal über unsere, gefühlte Lichtjahre entfernte Berufserfahrung. Ihre letzte Anstellung als Stewardess hatte Nicole beim Rosinenbomber in Tempelhof. Die Rundflüge mit den legendären Flugzeugen der Luftbrücke konnte sie zeitweise noch trotz Kind begleiten. Da brauchte sie ja auch nicht so weit hinausfliegen. Der *Big Air Lift* war einst eingerichtet worden, um West-Berlin aus der Luft mit so ziemlich allem zu versorgen, was eine Großstadt so braucht. Das war, als die Russen sich zum ersten Mal darin übten, die Stadt komplett abzuriegeln. Nur Oropax wurde nicht mitgeliefert, obwohl das die Berliner auch hätten dringend gebrauchen können. Denn von Juni 1948 bis Mai 1949 sausten die Fracht-Maschinen der US Air Force zwischen Wiesbaden, Frankfurt am Main und Berlin hin und her in bis zu 1400 Flügen pro Tag – und Nacht. Sie bewegten sich auf drei Korridoren mit je fünf Flughöhe-Ebenen, so dass sie im Drei-Minuten-Takt in Tempelhof voll landen und leer wieder abschwirren konnten. Nach fast einem Jahr gaben die Russen auf, und die Einwohner begannen sich wieder zu erholen von den Engpässen und vom Ohrensausen. Die Ausflugsbomber flogen nun in weit geringerer Dichte über Berlin.

Eine von Nicoles Hauptaufgaben war, dafür zu sorgen, dass auch ja die Tüten für eventuelle Unpässlichkeiten am jeweiligen Vordersitz griffbereit waren. Denn vor allem die Damen unter den Passagieren wurden blass um die Nase, sobald das Flugzeug begann, seine Runden über der Hauptstadt zu drehen. Als Nicole auch diesen Job aufgeben musste, vermisste sie ihn nicht allzu sehr.

Bevor wir uns drei Tage später zur Fan-Meile aufmachten, entwaffnete ich vorsorglich meine Hosentaschen. Der Rucksack enthielt nur noch ein paar Packungen Taschentücher und das Bier vom Aldi. Nicoles Kind war bei der Oma gut aufgehoben. Und ich hatte auch den Fan-Wedel zu Hause gelassen. Ich war mir nicht sicher, ob die Polizei ihn für ein Schlagwerkzeug halten und einkassieren würde. Am Ende wurde Deutschland wieder einmal nicht Weltmeister. Aber den Entstauber habe ich heute noch. Inzwischen zeigt er ziemlich starke Gebrauchsspuren, und mit seinen Farben ist so mancher schwarz-rot-gelbe Traum der Freiheit verblasst. Kaum war die WM vorüber, hatte auch die Bewerbungsberaterin in Schöneberg Zeit für eine Audienz. Ich hatte ihr wie ausgemacht meinen Lebenslauf zuvor zugesandt. Den hatte sie inzwischen gesichtet und schlug vor: „Machen Sie doch besser die Schrift etwas größer, so mit Arial, Größe 12 kommt alles viel besser zur Geltung." Und ich sollte noch eine „dritte Seite" einrichten, um dem Wunscharbeitgeber all das mitzuteilen, was er über meine Qualifizierungen und Berufserfahrungen hinaus wissen sollte. Danach war der Lebenslauf nicht mehr drei sondern sechs Seiten lang. Und selbst meine 92-jährige Nachbarin konnte ihn nun ohne Brille lesen. Nur, würde das auch der Wunscharbeitgeber als Kompliment auffassen?

Historiker vom Ententeich

Da beim Wunscharbeitgeber die Betonung auf Wunsch liegt, musste bis zu dessen Erfüllung eine jener Pseudodienststellen reichen, in denen Pflichterfüllung und Leistungswille wenigstens gebührend trainiert werden können. Damals wusste ich noch nicht, wie viele solcher „Träger" es für die Arbeitslosenbewirtschaftung in der Stadt schon gibt. Oft haben sie recht phantasievolle Namen wie *Ikarus* oder *Uroboros* oder *Auftrieb* oder *Transmissionsriemen* oder *Futur Zwei*. Mein erster Arbeitslosenarbeitgeber beim Spreebogen hieß einfach nur *Die Projektmanager*. Und mein erster großer Auftrag dort bestand darin, zusammen mit elf hochgebildeten Kollegen die romantischen Seiten unseres Heimatstadtbezirkes zu erforschen und hernach in einer Broschüre ansprechend für Auge und Geist zu präsentieren. Zwölf Akademiker bekamen damit die große Chance zu zeigen, was sie so drauf haben, wenn sie nur könnten wie sie wollten.

Die Sache mit dem „ansprechend für Auge und Geist" erwies sich schon bald als ziemlich problematisch. Zunächst betraf es nur das Auge. Schöne Fotos aus dem Internet zuseln, verbot sich eh von selbst. Aber auch die selber geknipsten Bilder sollten nicht ohne weiteres verwendet werden können. Denn es war fraglich, wie arbeitende Arbeitslose ihre Fotos vermarkten sollten. Wem gehörten überhaupt die Bilder und deren Verwertungsrechte? Weitere Gedanken daran schoben wir erst einmal ratlos beiseite und bildeten drei Gruppen zu je vier Leuten, die nach einem ausgeklügelten Plan die romantischen Orte ausspähen sollten. Mein Suchtrupp bestand neben mir aus einer Doktorin der Biologie im fortgeschrittenen Alter, einer Germanistin im etwas weniger fortgeschrittenen Alter und einem jungen Mann, der sein Archäologie-Studium abgebrochen hatte. Wir hielten ziemlich schnell ziemlich gut zusammen – wie eine Bergkameradschaft, wäre Berlin nur nicht so bretteleben. Die Neugier an der Stadtgeschichte griff unter uns bald so weit um sich, dass wir uns nicht mehr an den Plan hielten und begannen, ganz Charlottenburg-Wilmersdorf zu durchpflügen. Kein romantisches Plätzchen sollte uns entgehen, und sei es noch so klein. Auf den Erkundungstouren lernte ich viel fürs Leben. Zum Beispiel, dass der letzte Scheiterhaufen in Preußen im Mai 1813 am Rande der Jungfernheide aufgeschichtet wurde. Dort verbrannte man aber keine Hexen, sondern den Räuber, Johann Christian Peter Horst, mit seiner Komplizin, Friederike Luise Christiane Delitz. Sie mussten dort nach dem damals noch gängigen Prinzip der „spiegelnden Strafe" schmoren. Denn die beiden hatten auf ihren Raubzügen auch einige

Feuer gelegt und dabei nicht nur Sachschaden angerichtet. Und ich lernte, wie es auf dem Fehrbelliner Platz aussieht. Das wusste ich gar nicht, weil ich bisher immer nur mit der U-Bahn darunter durchgerauscht war. Ein riesiges Verwaltungsrondell breitete sich dort vor uns hin. Alle, zum Teil kreisrund um den Platz angeordneten Häuser waren vollgestopft mit Büros. Gerade so, als läge hier die Weltzentrale der Bürokratie. Das war ein guter Ort zum Verlängern des Reisepasses, aber sicher nicht zum Wecken romantischer Gefühle.

Nach einigen Wochen Expedition gingen wir dazu über, die romantischen Plätze vom historischen Marzipan-Laden in der Pestalozzistraße bis zum Volkspark Jungfernheide mit Hintergrundinformationen anzureichern und erste Texte in Form zu gießen. Dabei entstand in der Textredaktion ein Tauziehen zwischen Hanna Gayk, der Biologie-Doktorin, Gundula Anschlag-Rieger, der Germanistin, und mir, dem Philosophen und beinahe Astronomen. Hanna Gayk konnten die Sätze nicht lang genug sein. Das ermöglichte sich am besten durch die Verkettung eines Hauptsatzes mit wenigstens vier bis fünf Nebensätzen. Gundula war die Gestaltung der Broschüre insgesamt für das Thema Romantik nicht verspielt genug. Da sie sich nicht durchsetzen konnte, schuf sie parallel zu den Hauptakteuren ihre eigene, barocke Version mit Blümchen und Goldrand. Ich plädierte für kurz, sachlich und effektiv. Am Ende wurde ein Kompromiss zwischen Hannas Anspruch und meinem gefunden. Wir machten es halblang.

Schon lange vor dieser Maßnahme war mir bewusst, dass ich an einem privilegierten Ort wohne, wo mir die Romantik täglich zu Füßen liegt. Wenn ich nur die Straße vor meinem Haus überquere, lande ich direkt im Lietzensee-Park. Wie der Name unschwer erkennen lässt, säumt der Park ein Gewässer. Obwohl darin außer Enten, Blesshühnern und Fischen eigentlich niemand schwimmt, käme keiner auf die Idee, es deshalb einen Teich zu nennen. Denn dafür ist es zu groß und imposant. Über die Oase mitten in der Stadt wollte ich natürlich am liebsten selber schreiben. Ich erforschte die Geschichte dieser Landschaft bis in ihre eiszeitliche Frühphase hinein. Als das Eis aus dem Norden in das Gebiet vordrang, schürfte es tiefe Rinnen in den Boden, in denen sich nach seinem Rückzug Wasser ansammelte. Deshalb schlängelt sich noch heute eine ganze Kette von Seen durch den Westen Berlins: der Schlachtensee, die Krumme Lanke, der Grunewaldsee und eben auch der Lietzensee. Als das Eis wieder verschwand, ließ es einige gewaltige Gesteinsbrocken zurück. Auch einer dieser Findlinge ist noch heute am Lietzensee-Ufer zu bewundern. Mit diesen und noch viel mehr Forschungsergebnissen begann ich, die Kollegen zu fluten. Der erste, der das noch wilde Gelände um den See Anfang des 19. Jahrhunderts erwarb, war General Wilhelm von Witzleben aus Thüringen – wo noch heute ein Dorf nach ihm benannt ist. Er machte es urbar, na ja, er ließ es urbar machen, um seinen Sommersitz darauf zu platzieren. Von Witzleben war nur für kurze Zeit Kriegsminister von Preußen, dafür aber um so länger der engste Vertraute des Königs Friedrich Wilhelm III. So vertraut, dass der Monarch ihn eines Tages fragte, was er davon halte, die 30 Jahre jüngere Auguste von Harrach, zu heiraten. Da antwortete der General: „Eure Majestät stehen zu der Gräfin wie der Vater zur Tochter. Jedes Alter hat doch in der Regel seine eigene Ansicht des Lebens." Der König dankte für den Rat und heiratete sie doch. Im Jahre 1905 musste der Lietzensee seinen wohl größten Einschnitt hinnehmen. Man schüttete ihn in der Mitte um über die Hälfte seiner Breite zu, damit man die Neue Kantstraße darüber hinweg verlängern konnte – während man in New York schon 1883 die Brooklyn Bridge vollendet hatte. Deren Erbauer war übrigens ein gewisser Herr Johann August Röbling aus Mühlhausen in Thüringen. Aber zurück zum Lietzensee-Park. Als Deutschland im 20. Jahrhundert den Zweiten Weltkrieg auf die Menschheit losließ und dieser dann an seinen Ursprungsort zurückkehrte, erging es auch dem Lietzensee schlecht. Ab April 1945 flogen nicht mehr Amsel, Drossel, Fink und Star, begleitet vom Trällern der Nachtigall. Es flogen die Fetzen im Park, während sich die heranrückenden Russen harte Straßenschlachten und Häuserkämpfe mit den letzten uneinsichtigen Deutschen lieferten. Das Gehölz der Bäume splitterte nur so durch die Gegend. Und wer mal genötigt war, sein mehr oder weniger stark angebombtes Haus zu verlassen, musste sich alle zehn Meter flach auf den Boden legen, um nicht selber etwas abzubekommen. Dann gab es da die noch uneinsichtigeren Deutschen, welche selbst nach der Kapitulation im Mai meinten, die vorgesehenen tausend Jahre des Reiches seien doch längst nicht um. Einige von ihnen, bei denen die Realität doch noch bis ins Stammhirn vordrang, versenkten sich in dem See... „Daniel!", rollte mir ein Donner aus der Richtung entgegen, wo Hanna saß. „Wir sollten über die Romantik in Charlottenburg-Wilmersdorf schreiben!" So landete der spannendste Teil meiner Lietzensee-Geschichte leider im Papierkorb.

Apropos Papierkorb. Wie war das doch mit „ansprechend für Auge und Geist"? Weder das Auge noch der Geist irgendeines Lesers wurde je von unserer Broschüre angesprochen. Nicht einmal die Besucher vom Rathaus Charlottenburg, denen man sie für einen Euro hätte andrehen können, sollten je davon erfahren. Das offerierte uns die Leitung von *Den Projektmanagern* in der letzten Woche. Immerhin bot sie an, fünfzehn bis zwanzig Stück zu drucken, damit sie in den Bücherregalen der Teilnehmer und der Agentur einen gebührenden Platz finden konnten. Sozusagen als Belegexemplar. Alle saßen da mit großen Augen. „Wieso das denn?" piepste jemand aus dem Hintergrund. Weil arbeitende Arbeitslose das Geschäft derer verderben würden, die eventuell mit der Romantik von Charlottenburg-Wilmersdorf professionell ihr Geld verdienen wollen. Ach so. Für die Akademiker, die ihr Geld professionell nur noch vom Staat zugeteilt bekommen, reichte es ja, wenigstens mal wieder für neun Monate mit ihren Ideen schwanger zu gehen. Das aber gehört eher ins Genre der Sozialromantik.

Einbildung ist auch eine Bildung

Da die meisten Arbeitslosenarbeitgeber zugleich Arbeitslosenbildungsträger sind, gab es auch bei *Den Projektmanagern* ein unterhaltsames Begleitprogramm. Ich meldete mich für einen Spanisch-Kurs an. Doch bald wurde mir klar, eine richtig gute Idee war das nicht. Sechs Wochen lang sechs Stunden pro Tag eine Fremdsprache pauken, da schaltete selbst mein Akademie-erprobtes Gehirn spätestens nach der Mittagspause auf Standby. Frau Moussawi hatte sich mit einem Ethnologie-Studium und ausgiebigen Reisen in diverse Länder der beiden Amerikas auf diesen Kurs bestens vorbereitet. Nun zog sie alle Register ihrer Erfahrung, um die Teilnehmer bei Laune zu halten. Sie unternahm mit ihnen Ausflüge in die Geschichte Mittelamerikas, besuchte mit ihnen in Gedanken die altehrwürdigen Stätten der Mayas, Azteken, Tolteken und Olmeken. Und wenigstens in Gedanken konnten die Arbeitslosen auch das moderne Mexico bereisen, wenn sie schon im wahren Leben nie eine solche Entfernung würden zurücklegen können. Ich wollte es irgendwann ja auch nur bis Spanien schaffen. Allein dafür saß ich nun zusammen mit Gundula Woche für Woche in Zehlendorf am gefühlten Ende der Welt. Was sich am schnellsten bewegte in dieser Zeit, war die U-Bahn auf dem Weg dorthin und wieder nach Hause. Einige Kursteilnehmer wollten offenbar nicht so schnell nach Spanien wie ich. Frau Moussawi fragte den Mann mir gegenüber, der sich scheinbar seine Haar- und Barttracht von dem Dorf-Druiden Miraculix aus *Asterix und Obelix* abgeschaut hatte: „Jörg, wie heißt denn Butter auf Spanisch?" Die Antwort des Druiden: „Äääääm." „Jörg, auf welcher Seite sind wir eigentlich?" „Hm." „Guten Morgen, auf Seite 55. Und da steht, wo die Spanier so gern Toast mit Butter und Marmelade zum Frühstück essen...?" „Mante..., mantequilla." Nun werden ja auch in Spanien die Mahlzeiten mit Hilfe von Besteck verspeist. Ich bemerkte, dass in der Aufstellung der Esswerkzeuge im Lehrbuch ein wichtiges Utensil fehlte: „Wie heißt eigentlich der kleine Löffel?" „Das ist einfach die Verkleinerungsform von *cuchara*, dem Löffel: *cucharita*." „Ach so, wie bei *Señora* und *Señorita*." „Richtig, Du hast es erfasst." Diese ungebremste Neugier brachte mir schnell und sicher den Ruf eines Strebers ein. Noch drei Wochen später kam ein Mann auf mich zu, der sich mit dem blumigen Namen Motizetti vorgestellt hatte, aber eigentlich Horst hieß. Er erinnerte mich daran: „Du warst doch der Krümelkacker, der auch noch den kleinen Löffel wissen wollte..."

Irgendwann gab es kein Halten mehr und ich schimpfte mich in der Mittagspause bei Gundula einmal richtig aus: „Die wollen doch hier nur auf ihrem Arsch sitzen, damit sie es in ihrer Maßnahme bloß nicht zu viel mit Bewegung zu tun bekommen! So kann man doch nicht arbeiten!" Gundula warb um mehr Verständnis und Nächstenliebe, schließlich sei ich doch der Bibelexperte, und „es können ja nicht alle solche Intelligenzbolzen sein wie Du." Das nahm ich mir zu Herzen und verlegte mich auf eine Strategie aus der frühen Schulzeit, wo der Unterricht mitunter auch reichlich Längen entwickelte: ich malte. Ich eroberte auf meinem Blatt Papier die unendlichen Weiten des Weltalls in schnittigen Raumschiffen. Zusammen mit der „Union der vereinten Planeten" erschloss ich neue Lebensräume. Und wenn dem frisch entdeckten Planeten oder Mond eine lebenstaugliche Atmosphäre fehlte, gründeten wir futuristische Kolonien, die komplett mit Glaskuppeln überdacht waren. Als Mitglied der Sternenflotte baute ich mit an einem Netz von Raumstationen, die dann vor Asteroiden-Einschlägen ebenso geschützt werden mussten wie vor den Angriffen feindlicher Bewohner des Universums. Einmal richtete ich meine Augen auch in den Himmel einer Welt, über deren Horizont sich neben ihrer Sonne ein riesiger Planet mit einem gewaltigen Ringsystem ähnlich dem unseres Saturns erhob... „Jörg, wie heißt nochmal Butter auf Spanisch?" „Mantequilla." Nach einer Woche hat es doch noch geklappt. Sechs Wochen und 216 Unterrichtseinheiten später hatte ich erst einmal genug von Spanisch.

In dem Spanisch-Kurs saß auch eine Frau, die – gesund und ökologisch lebend – ihren geschätzten fünfzig Jahren wenigstens noch weitere fünfzig Jahre hinzufügen wollte. Sie aß ein undefinierbares Mus aus dem Glas und rohe Zwiebeln, in die sie biss wie in einen Apfel. Das tat sie leider auch im nächsten Kurs und genau an dem Arbeitsplatz rechts neben meinem. Ich wollte schon eine Wäscheklammer mitbringen, um sie mir an meine Nase zu klemmen, wenn sie es mitten im Unterricht tat und ich mit den Fingern an der Tastatur keine Hand frei hatte. Aber die Erlösung nahte bald in Gestalt der Kursleiterin: „Es ist an den Computerarbeitsplätzen nicht erlaubt zu essen und zu trinken." Gott sei Dank! Endlich konnte ich mich voll darauf konzentrieren, mich fit zu machen für den eigenen Auftritt im Internet. Der Kurs widmete sich dem Webdesign und war gedacht für alle, die ihren Mitteilungsdrang vom Papier auf die Datenautobahnen des World Wide Web verlagern wollten. Um dem Computer ihre Wünsche mitteilen zu können, mussten alle erst einmal eine neue Sprache lernen. Nur wer HTML-isch mit dem PC sprechen kann, konnte ihm auch gezielt sagen, wo und in welcher Farbe und wie groß etwas auf der Wunschwebseite erscheint.

Nach den ersten Gehversuchen in dieser Sprache ging es daran, mit Hilfe entsprechender Programme weitere, effektvolle Zutaten für die Ausgestaltung der Seiten zu basteln. Wie man etwa einen Hund quer durchs Bild laufen lässt oder wie plötzlich ein Soundtrack losgeht, damit das gerade abgebildete Pferd auch wiehert. Am interessantesten für die meisten aber blieb das klassische Bild. Mit einem gescheiten Programm konnten Fotos auseinandergeschnitten und ganz neu wieder zusammengesetzt, verfärbt, beschriftet, gedreht und gewendet werden. Am meisten faszinierte mich die Funktion des „Verflüssigens". Damit ließen sich sogar Formen mitten im Bild verfremden. Das musste ich doch gleich einmal ausprobieren und lud mir ein paar Fotos von Politikern herunter. Dann zog ich Edmund Stoiber die Ohren lang und Gerhard Schröder die Nase. Und Angela Merkel war auf einmal doppelt so breit.

Was aber konnte ich mit all dem anfangen? Naheliegend für die meisten war, sich auf einer Bewerbungswebseite allen Wunscharbeitgebern gleichzeitig vorzustellen. So nahm auch ich mir den Lebenslauf vor und übersetzte ihn ins HTML-ische. Bald prangte er mit blauen Lettern auf pastell-grünem Grund im Netz, ergänzt durch ein paar wissenschaftliche Projektideen, von denen ich mich immer noch nicht trennen konnte. Dann fummelte ich noch einige Artikel und Seminararbeiten im PDF-Format hinein, die von meinem unstillbaren Tatendrang zeugen sollten. Ich begrüßte die Internet-Surfer freundlich auf Deutsch und Englisch. Und ich schaltete eine Kontaktseite mit E-Mail-Adresse, damit der Wunscharbeitgeber auch die Chance hat, sich zu melden. Eine Nachricht habe ich dort selbst nach sechs Jahren nicht gefunden.

Kunst kommt von können, und Gunst kommt von günstig

Mit Gundula kam ich immer mehr ins Gespräch, und wir dehnten unsere gemeinsamen Aktivitäten immer weiter in die Freizeit aus. Warum ich sie gerade in Charlottenburg kennenlernte, hatte eine für mich nach wie vor überaus spannende Vorgeschichte. In einer filmreifen Fluchtaktion, nämlich im Kofferraum eines Mannes aus West-Berlin, schaffte sie es, die DDR fast zehn Jahre früher als ich hinter sich zu lassen. „Hast Du nie daran gedacht, mal darüber etwas zu schreiben?", fragte ich sie. „Ach nee, das haben doch so viele schon gemacht, das ist doch nichts besonderes mehr." In ihrem früheren Leben war Gundula Möbelfachverkäuferin. Die neue Freiheit nutzte sie, um in einem Germanistikstudium ihre Liebe zur Literatur erst einmal richtig auszuleben. Mit der Anwendung des Abschlusses war sie dann allerdings genauso „erfolgreich" wie ich. Im Alter war sie mir um etwa zehn Jahre voraus. Und selbst ich hatte mit meinen 38 Jahren bei Erwerb des Doktorhuts das Zeitfenster für alle möglichen Folgequalifizierungen schon verpeilt. Ob Post-Doc-Stipendium oder Junior-Professur, mit 35 war einfach Schluss. Für eine Zusatzausbildung zur Fachkraft der Bücherverwaltung an der Bibliotheksschule in München durfte ich nach komplettem Hochschulstudium sogar nur 33 Jahre alt sein. Allein eine Behinderung hätte die Situation retten und die Deadline auf 39 verschieben können. Aber mir dafür mal schnell noch die Knochen brechen oder ein Auge ausstechen, das war mir dann doch etwas zu viel Aufopferungsbereitschaft für ein System. Gundula und ich fragten uns, wozu die Menschen bloß, meist bei guter Gesundheit, immer älter werden. Damit sie bis 67 arbeiten können. Die Frage blieb nur immer, wo.

So lange sich diese Frage nicht beantworten ließ, wandten wir uns den wirklich wichtigen Dingen des Lebens zu. Zum Beispiel, einmal die Qualität sämtlicher Badeseen in Reichweite von Charlottenburg zu testen. Der Heilige See bei Potsdam versprach ein Bad in einem besonders historischen Ambiente. Dort aalte ich mich in Sichtweite des Schlosses Cecilienhof im Wasser, wo in Erinnerung an das Dreimächteabkommen vom Sommer 1945 noch heute die Blumen Sowjetstern-förmig wachsen. Denn dummerweise wurde Potsdam südwestlich von Berlin danach ein Teil der Ostzone. Ich hätte direkt rüber paddeln können, aber eine Besichtigung in der Badehose...? Der Sacrower See erwies sich als sehr sauber und überaus romantisch vor allem in der Woche, wenn viele potentielle Badegäste auf Arbeit gehen mussten. Der See von Groß-Glienicke ist nicht ganz so sauber, dafür aber geschichtlich interessant, weil einst die Berliner

Mauer da mitten durchging. Sogar in dieser Zeit badeten Leute darin – natürlich nur die aus dem Westen, wobei sich ihr Strand im äußersten Westen Berlins komischerweise auf der Ostseite des Sees befand. Das Bad im Teufelssee ließ sich wunderbar mit einer Wanderung durch den Grunewald verbinden. Allerdings konnte man in dem Tümpel nicht weit hinausschwimmen. Wenn wir uns in den dafür um so größeren Schlachtensee hineinwagten, mussten wir ihn uns mit sämtlichen Hunden der westlichen Hemisphäre von Berlin teilen.

Mit Gundula teilte ich neben der Liebe zur Natur auch die Leidenschaft für die Kultur. Als sie mir vorschlug, einmal gemeinsam zu einer Vernissage zu gehen, war ich begeistert. Das erinnerte mich an meine frühe Jugend, als ich in einem Zeichenzirkel zusammen mit anderen Hobby-Malern Stift und Pinsel schwang, aber auch Ausstellungen besuchte, die wir dann gemeinsam besprachen. Unser spektakulärster Ausflug hatte 1988 die legendäre X. Kunstausstellung in Dresden zum Ziel. Den Katalog konnte ich mir damals nicht leisten. Vor kurzem habe ich seinen Erwerb in einem Antiquariat am Frankfurter Tor nachgeholt – für einen Euro. Die Tradition der Galeriebesuche mit Gundula wieder aufleben zu lassen, verhieß eine Menge gescheiter Gespräche. Vielleicht waren ja auch ein paar interessante Kontakte drin. Auf jeden Fall konnten wir auf den Eröffnungsparties Kunst für umsonst sehr gut mit Sekt für umsonst verbinden. Bei unserer ersten Expedition landeten wir in einer Galerie gleich um die Ecke vom U-Bahnhof Dahlem-Dorf. Von dort blieb mir vor allem ein auf Leinwand gebanntes Toben der Elemente im Gedächtnis hängen. Als ich mit Gundula über die roten, feurigen Farbmassen, umtost von Wasserformationen in allen erdenklichen Blautönen staunen wollte, war sie allerdings schon sichtlich beschäftigt – mit dem Weinglas in der einen Hand und der Käsepastete in der anderen. Das Russische Kulturhaus in der Friedrichstraße bot zwar nur Salzgebäck zum Weißwein, dazu aber französische Landschaftsmalerei vom Feinsten. Ein Architekturbüro unweit der Warschauer Straße tauchte die Gäste und seine neusten Entwürfe in grelles Neonlicht. Wir schlenderten vorbei an den Modellen sehr übersichtlicher Glaspaläste und Inneneinrichtungen – so steril, dass jede Mikrobe freiwillig den Rückzug antrat. Aber da! Da war er wieder. Seit einem Jahr war er uns schon auf den Fersen und uns durch mindestens zehn Vernissagen gefolgt. Der kleine, dickliche, verschwitzte Mann, dessen Gesicht ein Teppich von Bartstoppeln zierte. An seinem Rucksack hatte er einen ganzen Zoo von Miniplüschtieren angebracht. Das war Egon, ein alter Bekannter von Gundula. Sie schien ihn von früheren Kulturereignissen dieser Art zu kennen bzw. er sie. Wenn ich mit Gundula allein war, konnten wir unsere Gedanken über das, was

18

wir gemeinsam sahen, freien Lauf lassen. Aber wann waren wir jetzt noch allein? Im Architekturbüro hatte sich Egon gerade das vierte Glas Rotwein geholt, als er vor uns davon zu schwärmen begann, wie sehr er das alles genoss – für Umme. Wollte ich mich mit ihm über die Exponate genauer unterhalten, schaute ich in eine tiefe Leere. Und je mehr Erfahrung ich mit den Vernissagen sammelte, um so mehr Leute wie Egon entdeckte ich. Ein ganzer Schwarm umschwirrte die Kunstszene, der sicher sofort ausbliebe, würde man seiner Kunstsinnigkeit die alkoholische Grundlage entziehen. Wo Gundula war, war nun leider auch Egon. Und wo Egon war, wurde auch ich bald nicht mehr als Kunstliebhaber ernst genommen.

Aber es gab ja noch andere nette Gefilde, in die mich Gundula einführte. Sie hatte einmal das Glück, über den *Tagesspiegel* eine Serie von geselligen Abenden mit Promi-Präsenz beim Sparkassen-Verband in der Nähe vom Gendarmenmarkt zu gewinnen. Und ich hatte das Glück, als Begleitung mitzukommen. Egon tauchte hier nicht auf, denn hier gab es Zutritt nur auf Einladung. Von Ulrich Matthes über Volker Schlöndorff bis zu Senta Berger plauderten hier Stars aus ihrem Leben, die sogar ich aus dem Fernsehen kannte. Nach getanem Interview-Tagewerk gab es stets ein üppiges Buffet, begleitet von einem professionellen Catering Service. Spätestens da zeigte sich, dass wir uns hier in einer anderen Preisklasse bewegten. Mit der Preisklasse selber kam ich leider nur schwer ins Gespräch. Dafür tauchten bald auch hier alte Bekannte von Gundula auf. Ein Ehepaar, das nur auf ähnliche Weise Zutritt zu dem erlauchten Kreis bekommen haben konnte wie sie selbst. Die Gespräche mit ihnen gewannen kaum mehr Tiefe als die mit Egon. Dadurch hatte ich genug Gelegenheit neben dem Geplänkel über das neuste Schnäppchen, den Streit mit den Nachbarn oder die letzten Aktivitäten im Garten, Augen und Ohren offen zu halten für die weitere Umgebung. Und siehe da, fingen meine Sinnesorgane einmal eine bemerkenswerte Szene ein. Es war der Abend mit Christoph Stölzl, dem kulturbeflissenen Mann von der Berliner CDU als Gast. Er wurde gerade verabschiedet. Eine der Gastgeberinnen von der Sparkasse eilte herbei, um ihm Mantel und Aktentasche zu reichen. Er bedankte sich so: „Was wären wir bloß ohne unsere Frauen. Sie waschen und pflegen uns, sie nähren uns und sind dabei meist auch noch so charmant." War das etwa ein Spiegel für den Zustand seiner Partei? Es dauerte nicht lange, da wurde auch Gundula verabschiedet – unfreiwillig. Für den nächsten Veranstaltungsturnus wurde sie einfach nicht mehr eingeladen. Ich vermute mal, weil der erlauchte Kreis sich von einer immer größeren Wolke Menschen umgeben sah, mit denen er nur schwer ins Gespräch kam, für die er abcr eine ebenso immer größere Menge an Essen und Trinken auffahren musste. Nun war auch für mich der Spaß vorbei, und wir verlagerten unsere Kulturaktivitäten wieder auf den normalen Ausstellungsbetrieb. Aber als wir das Gebäude zu einer Skulpturensammlung am Gendarmenmarkt betraten und ich plötzlich einen ganzen Zoo von Miniplüschtieren an einem Rucksack vor meinen Augen baumeln sah, stand für mich fest: ab jetzt singe ich nur noch im Chor.

Guter Rat ist nicht immer teuer

Noch während wir, das heißt Gundula und ich, unser Spanisch-Marathon absolvierten, hatten *Die Projektmanager* plötzlich und unerwartet noch ein ganz besonderes Schmankerl für Kurzentschlossene im Angebot: das Spezialtraining bei einem Bewerbungsexperten von Rang und Namen. Er hieß Bernhard Wanka und firmierte unter dem verheißungsvollen Namen *Super Nova*. Herr Wanka war bekannt und beliebt auch, weil er regelmäßig im *Tagesspiegel* Präsenz zeigte. Ein Blickkontakt zwischen Gundula und mir genügte, und wir wussten: diese Gelegenheit wollten wir uns nicht entgehen lassen. Wer weiß, ob wir es uns privat jemals würden leisten können, die Koryphäe anzumieten. Und wenn wir es je könnten, würden wir ihren Service wohl nicht mehr brauchen.

Gleich in der Begrüßungsrunde irritierte Herr Wanka die Gruppe gezielt und gründlich, indem er jedem seine Visitenkarte anbot. Nicht einer konnte seine Geste erwidern. Ich auch nicht. Ich hatte nie welche drucken lassen, weil mir einfach keine gescheite Idee einfiel, welches Metier ich darauf vertreten sollte. Mir war es doch schon seit fast drei Jahren nicht gelungen, mich als wissenschaftlicher Referent oder auch nur als Putzkraft zu etablieren. Und schon waren wir beim Kern des Problems angekommen, das wir im folgenden Einzelgespräch weiter erörterten. Mit meinem Lebenslauf in der Hand sagte Herr Wanka: „Sie haben wie ich nichts gelernt. Ich habe Germanistik studiert. Und es wird wohl auch Ihnen nichts anderes übrig bleiben, als sich selbständig zu machen. Sie sehen ja, womit ich meine Brötchen verdiene." Nun trifft er sich als Bewährungshelfer, pardon, als Bewerbungshelfer mit seinen Kunden in Gruppen und einzeln und chattet mit ihnen. Nachdem Herr Wanka meinen Lebenslauf durchgearbeitet hatte, war dieser wieder ganz schlank. Die „dritte Seite" fiel fort. „Das ist reiner Firlefanz. Was Sie von sich selber halten, interessiert vielleicht Ihren Psychologen, aber nicht den Personaler, der das alles lesen muss." Und jetzt hatte der Lebenslauf nicht einmal mehr ein Deckblatt. Mein Konterfei fand seinen Platz direkt auf der ersten Seite, die nun ohne Umschweife in die tabellarische Aufführung der reichen Lebenserfahrung einsteigen konnte. Nur, mehr Erfahrung mit bezahlter Arbeit war auch jetzt nicht zu sehen.

„Kampf der Kulturen"

Nachdem das romantische Booklet planmäßig in den Schubladen der Agentur *Die Projektmanager* und ihrer Kurzzeitmitarbeiter verschwunden war, stellte sich erneut die Frage, womit neben dem alltäglichen Bewerbungs-Pingpong etwas mehr Abwechslung in das Leben zu bringen sei. Da fiel mir im Internet ein interessantes Angebot ins Auge. Wenn schon der große Wurf nicht gelingen will, konnte ich eventuell nochmal klein anfangen – in einem kleinen oder mittelständigen Unternehmen, kurz KMU. Die Organisation *Futur Zwei* versprach Akademikern und anderen gut ausgebildeten Leuten mit Unterstützung der vereinten Sozialfonds aller Länder – also Land, Bund und EU – Zugang zu solchen KMU zu verschaffen. Und zwar auf dem Wege eines neun Monate dauernden Praktikums. Vielleicht war ja diese Organisation in der Lage, auch meiner Zukunft eine zweite Chance zu leihen. Ehe *Futur Zwei* ihren Vermittlungspool öffnen konnte, mussten die Kandidaten freilich noch etwas vorbereitet werden. Zwei Wochen Schulung sollten ihnen Klarheit darüber verschaffen, in welcher Epoche wir eigentlich leben, wie ein Unternehmen aufgebaut ist und welche sozialen, wirtschaftlichen, ökologischen, politischen und technischen Ziele es verfolgt. Dazu stand noch ein Training für Kommunikation und gekonnte Selbstdarstellung auf dem Programm. Bei der Epochenfrage ging es eigentlich nur darum, dass wir uns nicht mehr im Dampfmaschinenzeitalter befinden, sondern längst in einer Medien- und Wissensgesellschaft angekommen sind. Also sollten sich auch Angebot und Nachfrage an die inzwischen vorhandenen technischen Möglichkeiten gewöhnt haben. Und um eine Bestellung aufzugeben, brauchte man keinen handgeschriebenen Brief mehr bei der Firma einreichen. Ebenso haben Schreibmaschinentexte mit Durchschlag inzwischen ihr Verfallsdatum erreicht.

Die Anleitung zum Aufbau eines Unternehmens bestätigte einmal wieder, was meine Mutter schon zu sagen pflegte: „Entscheidend ist, was hinten bei rauskommt". Diese Weisheit soll von Kanzler Helmut Kohl stammen? Da ich mit ihr bereits aufgewachsen bin, kann es dafür nur eine Erklärung geben: Herr Kohl hat sie von meiner Mutter geklaut. Wie also funktioniert ein gutes Unternehmen? Es gibt vorne immer genügend Material hinein, das es sich auf dem Beschaffungsmarkt besorgt. Zu dessen Verarbeitung setzt es gerade mal so viel Personal ein, dass am Ende die Kosten für Material und Lohn möglichst nicht den Betrag übersteigen, den die „Erstellung der Leistung" schließlich abwirft.

Ein Geschäft funktioniert nun einmal nicht als reines Nullsummenspiel. Was hinten bei rauskommt, muss immer mehr sein als das, was man vorne hineingeschickt hat. Dieses Mehr heißt dann Gewinn; und der sollte möglichst durch einen immer größeren Marktanteil immer mehr werden. Gelingt das, heißt dieses Mehr dann Wachstum. Noch während ich überlegte, was passieren würde, wenn ganz viele auf einmal das Gleiche versuchen, fühlte ich mich plötzlich zurückversetzt in die Situation einer Betriebsbesichtigung meiner Schulklasse in einer Schreibmaschinen-Manufaktur zu Erfurt vor langer, langer Zeit. Als wir da reinkamen, saßen die Angestellten auf ihren Stühlen und taten was? Nichts. Sie hatten gar kein Material geliefert bekommen, um daraus etwas zu machen, das heißt, „eine Leistung zu erstellen". Und von nichts kommt bekanntlich nichts. Für die Zeit, die sie da saßen, mussten sie dennoch bezahlt werden. Ist etwa deshalb die DDR untergegangen? Kann gut sein. Das Unternehmen muss jedenfalls dann auf dem Absatzmarkt seine fertigen Produkte – also das, was bei der „Leistungserstellung" hinten rauskommt – möglichst umgehend unter die Leute bringen. Das setzt voraus, es gibt genügend Menschen, die dafür eine Verwendung haben. Ist das nicht der Fall, kann man immer noch versuchen, sie davon zu überzeugen, etwas zu kaufen, was sie gar nicht brauchen. Das ist dann die hohe Schule des *Marketing*, Spezialabteilung *Promotion*. Nun habe ich zwar auch ein Promotionsverfahren durchlaufen, aber das hatte ich da noch nicht gelernt. Auch nicht, wie wichtig inzwischen eine gute Kundenbeziehung für den Vertrieb ist. Das suchte Herr Gröning, der von *Futur Zwei* engagierte Wirtschaftsexperte, zünftig zu veranschaulichen, indem er die auf seiner Power-Point-Präsentation gelisteten Slogans „gelegentliches Registrieren" und „beiläufiges Hören" wie auch den „knappen, sachlichen Dialog" flugs austauschte durch ein „aktives Sehen" und „Zuhören" und eine „offene Kommunikation". Ebenso flugs hatte mein Gedächtnis auch dazu die passende Illustration parat. Ich betrat einst zusammen mit meinen Eltern ein Restaurant in Erfurt-Nord. Das Lokal war völlig leer. So steuerten wir den erstbesten Tisch an, kamen aber nicht weit. Eine Stimme schallte durch den Raum, welche die „knappe sachliche" Information eines Kellners mit roter Weste und weißem Geschirrtuch überm Arm transportierte: „Bleiben Sie am Eingang stehen, Sie werden platziert!" So funktionierte damals die Kundenbindung – zugegeben, mehr schlecht als recht. Aber es gibt schlimmeres. Übers Jahr ging ich erneut mit den Eltern essen in einem anderen Etablissement von Erfurt-Nord. Das Lokal lag – für mich zukunftsweisend – in der Berliner Straße und hieß *Café Berolina*. Dort passierte meinem Vater ein entsetzlicher Fehltritt. Er aß einfach das auf, was meine Mutter nicht schaffte. Die Menge auf dem Teller war für ihre gewohnten Spatzenportionen einfach zu groß. Als der amtierende Chef der selbsternannten Edelkneipe das sah, schrie er die Eltern an: „Das ist ja Kannibalismus! Das geht gar nicht!" Der kleine Dani zog den Kopf ein und fragte sich, was daran bloß so anstößig sei. Wenn schon jemand Menschenfleisch in das Essen gemischt hatte, dann war es doch wohl ihr eigener Koch. Und warum kam es bloß jetzt so sehr darauf an, wer es verspeiste? Auf weitere Diskussionen darüber ließ sich der Oberkellner nicht ein. Und so landeten wir schneller auf der Straße als geplant. Darauf betraten wir das *Café Berolina* nie wieder. Ein klassischer Fall von Raubtiersozialismus.

Spare in der Zeit, so hast du in der Not

Aber zurück zum real existierenden Kapitalismus. Um sich als kleine oder mittelständige Unternehmer entfalten zu können, mussten die Seminarteilnehmer auch die vier Prinzipien einer adäquaten Unternehmensführung verinnerlichen. Als da sind: die Effektivität – das heißt, das Richtige mit den richtigen Mitteln und Methoden tun; die Effizienz – das heißt, die richtigen Mittel und Methoden auch noch richtig anzuwenden; die Rationalität – das heißt, so sparsam als möglich mit der Arbeitskraft umzugehen, und schließlich die Ergiebigkeit – das bedeutet, so sparsam wie möglich zu sein, aber diesmal mit den knappen Ressourcen. Das zuletzt genannte Prinzip kann – nach jahrelanger Feldstudie als Verbraucher – eigentlich nur gelten, bis das Produkt das Unternehmen verlassen hat. Dann läuft die Zeit, und es ist für das Unternehmen weit ergiebiger, wenn es so schnell wie möglich in den Händen des Kunden zerfällt, damit er sich bald ein neues kaufen muss. Für einen Almosier bedeutet Ergiebigkeit, dieselben zehn Euro für den Wochenendeinkauf zu verwenden, die Fahrkarte für die S-Bahn zu bezahlen und möglichst noch für den neuen Kühlschrank zu sparen. Er kann schließlich nicht mit der gleichen Nachsicht rechnen wie Banken und große Unternehmen, wenn erst einmal ein Schuldenberg entstanden ist. Welch erhellendes Seminar! Die Luft wird ja überhaupt für den ziemlich schnell ziemlich dünn, dem es einfach nicht gelingt – wie es in der Anleitung zum Aufbau eines Unternehmens heißt –, auf der Produktionsstrecke „Leistung zu erstellen", wobei die Betonung auf vergütete Leistung liegt. Wer nichts leistet, der hat auch nichts verdient. Jetzt begannen die Ideen zwischen meinen Ohren aber auch miteinander zu kämpfen. Das Etwasleistenmüssen, um etwas verdient zu haben, lässt sich nämlich nur schwer mit der Tatsache vereinbaren, dass man gar nicht darauf bestehen kann, „Leistung" für Gegenleistung „erstellen" zu dürfen. Es gibt kein Recht auf bezahlte Arbeit. Und wer versucht, seine ganz eigenen Geschäftsideen zu entwickeln, dem hält der Staat schnell sein dickes Strafgesetzbuch unter die Nase. Er würde mir einfach verbieten, auf dem Beschaffungsmarkt eine schöne Portion Hanf zu besorgen, sie fein zu verarbeiten und mit dem fertigen Produkt auf dem Absatzmarkt um Kunden zu werben, die eine Bewusstseinserweiterung suchen.

In den zwei Wochen lernte ich auch, unter den Unternehmenszielen zwischen *soft* und *hard themes* zu unterscheiden. Als das härteste Thema überhaupt gilt natürlich das Geld Verdienen. Dies wird flankiert von den Bemühungen um den größten Marktanteil und um neue Kunden. „Weiche Themen" wie die Zufriedenheit und die Weiterbildungsrate der Mitarbeiter sind den harten Themen selbstverständlich unterzuordnen, deshalb sind sie ja weich. Das passt wunderbar zu der in den Medien kursierenden Information, dass immer mehr reguläre Arbeitsplätze durch Leiharbeiter und Mini-Jobber ersetzt werden. Man kann ja die *soft themes* immer noch etwas weicher klopfen. Das hilft auf jeden Fall dem „Prinzip der Rationalität" im Unternehmen, verträgt sich nur nicht recht mit dem „Ergiebigkeitsprinzip" im Haushalt der Leiharbeiter und Mini-Jobber. Aber das gehört eh nicht mehr in den Kompetenzbereich der Managementabteilung. Die Mittel des Unternehmens dürften sich so sogar vermehren. Noch während Herr Gröning darüber dozierte, zogen plötzlich goldgelbe Schriftzüge auf rotem Grund an meinem inneren Auge vorbei. Solche roten Transparente zierten früher überall die Städte und Dörfer meiner Heimat. Darauf standen Botschaften wie: „Alles für das Wohl des Volkes" oder „Mit der SED für die Einheit von Wirtschafts- und Sozialpolitik". Als wir die Sprüche damals lasen, schmeckten sie schon schal. Keiner schenkte ihnen mehr Beachtung. Aber jetzt dämmerte mir: ganz ohne so 'ne Ideen werden wohl Unternehmensbilanz und Lebensbilanz immer auf Kollisionskurs bleiben.

Ehe ich wieder durchatmen konnte, gab Herr Gröning den zukünftigen Unternehmern noch einige wichtige Hinweise zur Dienstreise mit auf den Weg. Sie mögen sich doch bitte vorher gut überlegen, ob sie wirklich das Flugzeug nehmen müssen. Auch die Bahn und das Auto bieten schließlich einige Vorteile. Bei einer Entfernung von weniger als 150 km sollte man überhaupt besser aufs Auto umsteigen. Wenn man keinen Dienstwagen zur Verfügung hat, kann man sich ja ein Fahrzeug mieten oder überhaupt das eigene benutzen. Wenn man aber auch das nicht hat? Dann reicht bestimmt das eigene Fahrrad.

Erkenne dich selbst

Wer bislang gar keine Möglichkeit hatte, in einem kleinen oder sonstwie großen Unternehmen sein ökonomisches Fundament zu errichten, tat gut daran, sich eines der vier Management-Prinzipien noch einmal extra vorzunehmen: die Effektivität zu steigern mit Hilfe der richtigen Mittel und Methoden. Ein Leben auf Sparflamme unter Aufsicht des Sozialstaates im permanenten Offenbarungseid ist schließlich alles andere als effektiv. Auch auf den Sonderfall „potentieller Unternehmer, der vor allem mit sich selbst beschäftigt ist", war Herr Gröning bestens vorbereitet. Und die heutzutage weitgehend von Ökonomen geprägte Leitkultur hat für das hier benötigte Methodenset auch wieder den passenden neudeutschen Begriff erfunden: das *Selbstmanagement*. Um die Selbstverwaltung effektiv betreiben zu können, sollte man sich selber erst einmal richtig kennen. Vielleicht war ich mir ja bislang tatsächlich noch nie wirklich begegnet, weil ich ständig damit beschäftigt war, diverse Wissenschaftsinstitute von den Vorteilen einer systematisch begründeten Zusammenarbeit zwischen Natur- und Geisteswissenschaften überzeugen zu wollen. Mir erschien die Wissenschaftslandschaft wie ein riesiger, von hunderten Spezialisten gewobener Flickenteppich. Daran etwas zu ändern, war mein Ziel. Ein Ziel zu formulieren und dieses in übersichtliche Teilziele zu untergliedern, ist auch die Hauptaufgabe der Selbstverwaltung. Idealerweise setzte sie aus Tageszielen, Wochen-, Monats- und Jahreszielen schließlich das große Lebensziel zusammen. Mein hehres Ziel war mir abhanden gekommen, als mir die Wissenschaft zum dritten Mal versicherte, keinen Bedarf an gemeinsamen Exkursionen ins große Ganze von Natur und Geist zu haben. Im Umkehrschluss hieß das, auch die weiterführende Post-Doc-Qualifizierung würde so nie stattfinden. Ich musste wieder ganz von vorn anfangen; ich brauchte ein gescheites Ziel. Dafür war es wichtig, zunächst meine Stärken und Schwächen zu kennen. Bin ich eher ein „Dominanter", ein Alpha-Männchen, das gerne anderen auf der Nase herumtanzt? Oder bin ich vielmehr ein „Stetiger", einer, dem es nichts ausmacht, hundertmal am Tag Schrauben an der gleichen Stelle in ein Werkstück zu drehen? Oder bin ich ein „Gewissenhafter", ein Erbsenzähler, der alles ganz genau wissen will und noch die dritte Stelle hinterm Komma ausrechnet? Oder doch eher ein „Innovativer", die Schwatzdrossel, in deren Büro es wie Kraut und Rüben aussieht, die es aber versteht, selbst aus Katz und Hund Verbündete zu machen? Um das herauszufinden, machte ich den DISG-Test. Und raus kam das Mischwesen eines gesprächigen Erbsenzählers oder mit den Worten des Tests: ein objektiver Denker und Kommunikator. Als Herr Gröning dieses Profil sah, meinte er, ich sei am besten als Wissenschaftler geeignet, der auch noch die angenehme Eigenschaft aufweist, gerne über die Ergebnisse seiner Arbeit zu sprechen. Ach so? Darauf wäre ich nie gekommen.

Was sollte ich daraus jetzt schließen? Hieß das, meine Zeitpläne weiterhin auf ein inzwischen unerreichbares Ziel abzustimmen? Denn darum ging es doch im nächsten Schritt: aus den eigenen Stärken und Schwächen heraus das Ziel zu formen. Um dabei auch ja nicht daneben zu tappen, gab es noch einen Test über das eigene Verhältnis zur Arbeit. Der enthielt Fragen wie: Nehme ich mir Arbeit mit nach Hause; delegiere ich Arbeit ungern; setze ich mir für meine Aufgaben Termine; arbeite ich ohne Pause durch? Ohne Pause durch? Nur wenn dabei ein kühles Bier griffbereit steht. Das Ergebnis meines Tests: „Ihre Zeitplanung ist professionell. Sie sind äußerst wirkungsvoll organisiert und wissen, dass geregelte Arbeitsgewohnheiten Zeit sparen und Stress verhindern." Gratulation, das weiß ich schon mindestens, seit ich während meines Promotionsstudiums in München an einem Wochenendseminar für das Bewältigen großer Schreibprojekte teilnahm. Einen Krimi oder eine Doktorarbeit schreiben erfordert doch einen nicht unerheblichen Organisationsaufwand. Ich wollte nur mal schauen, wie weit meine Gewohnheiten kompatibel waren mit dem professionellen Rat. Also führte ich den Leuten mein Wochenplanungsrastersystem vor, das aus Einheiten von jeweils anderthalb Stunden besteht. Mit ihm überzog ich die jeweilige Woche und konnte die in einer Zeiteinheit vorgesehenen Inhalte nach Bedarf setzen und umstellen wie in einem Baukastensystem. Es kann schließlich immer etwas Unvorhergesehenes dazwischen kommen und den Zeitplan sprengen, wie etwa ein Anruf der Mutter. Mein Vortrag wurde damals mit der Bemerkung gewürdigt: „Du bist halt a Prrraisse."

Nachdem sich in Herrn Grönings Seminar mit diesen Tests das Wissen um die eigene Person und ihr Ziel endlich herausgeschält hatte, waren alle potentiellen Kleinunternehmer ausreichend präpariert, um an die Außenwelt heranzutreten, in einem simulierten Bewerbergespräch. Als geeignetes praktisches Tummelfeld für meine philosophische Expertise hatte Herr Gröning inzwischen die Unternehmensberatung ausgemacht. Mein fiktives Interview führte er höchst selbst und spielte den Personaler einer solchen Beraterfirma. Er zeigte sich sichtlich zufrieden damit, wie ich in dem Rededuell standhielt. Bis mir plötzlich entfuhr: „Was aber, wenn es überhaupt nie dazu kommt?!" „Whoops, wozu denn?" „Na, zu dem Gespräch." Daraufhin erklärte er sich bereit, sich mal meinen Lebenslauf anzusehen. Drei Tage später präsentierte mir Herr Gröning das Resultat seiner Analyse. Erstmal sollte ich auf dem inzwischen rekonstruierten Deckblatt das Portraitbildchen ein wenig nach rechts oben verschieben und die Schrift von Name, Adresse und Telefonnummer größer machen. Dann riet er mir, Begebenheiten, die schon zu lange her sind, zu kürzen. So schmolzen unter seinen Händen die einzigen vier Jahre echter Berufstätigkeit bei der Post aus den 80er Jahren auf zwei Zeilen zusammen. Damit wogen sie optisch keine Unze mehr schwerer als die neun Monate, in denen ich für *Die Projektmanager* der Romantik in Charlottenburg-Wilmersdorf auf der Spur war. Außerdem empfahl mir Herr Gröning dringend, mir mehr Mitgliedschaften zuzulegen. Ich dachte schon: wo soll ich die denn jetzt auf die Schnelle herkriegen? Da legte er mir außerdem nahe, neben dem Kraftsport in der Muckibude noch eine Mannschaftssportart zu betreiben, um meine Teamfähigkeit zu beweisen. Daraufhin kamen mir doch noch ein paar gute Ideen. Bei einem Chor hatte ich mich schon wieder angemeldet – Trällern im Team –, aber wie wäre es noch mit einem Schützenverein und dem Fan-Club von Hertha BSC?

Das war wohl nix

Die Schulung bei *Futur Zwei* fand in einer Straße mit erinnerungsträchtigem Namen statt, in der Allee der Kosmonauten. Schon als Kind wollte ich gern selbst Kosmonaut werden. Sigmund Jähn, der erste Deutsche im All, war der Held meiner Jugend. Und regelmäßig bestieg ich wenigstens virtuell das Raumschiff *Enterprise*, um zusammen mit Captain Kirk und Mr. Spock dem Universum auch noch die letzten Geheimnisse zu entlocken. Allerdings musste jedes angehende Mitglied der Sternenflotte ein hartes Training absolvieren und unter anderem in einer so genannten Zentrifuge ziemlich lange, sehr schnell im Kreis fahren. Da mir aber schon auf einem Kettenkarussell schlecht wird, wurde ich dann doch kein Kosmonaut. Der Weg zu jener Straße mit erinnerungsträchtigem Namen war von Charlottenburg aus so weit, dass ich mich schon ärgerlich fragte, warum die Menschheit immer noch nicht gelernt hat zu beamen. All das, was ich auf der Astronautenmeile in Marzahn über die Betriebswirtschaft erfuhr, ließ mich schnell erkennen, welch ein Schnäppchen das von *Futur Zwei* ausgedachte neunmonatige Praktikum für die kleinen und mittelständigen Unternehmen eigentlich war. Sie bekamen nicht nur einen Praktikanten für das übliche Vierteljahr, sondern das halbe Jahr Probezeit für den neuen Kollegen gleich oben drauf. In dem Schulungsraum zog es wie Hechtsuppe, sobald man den Ertrag von zwanzig CO_2-Produzenten durch das Fenster in den grauen, kalten Wintertag entlassen wollte. Das sollte noch ein Nachspiel haben.

Als ich endlich den berühmten Vermittlungspool von *Futur Zwei* in Anspruch nehmen wollte, stellte sich heraus, dass ihnen zu meinem Profil gar nichts Passendes einfiel; jedenfalls nichts, was in ihrem Planschbecken für kleine und mittelgroße Unternehmer auffindbar gewesen wäre. Darum luden sie mich zum Gespräch ein, um mir zu empfehlen, irgendwelche Verlage aufzusuchen und mit dem Neunmonatsprogramm vertraut zu machen. „Irgendwelche" hieß also noch völlig unbekannte Verlage. Ich sollte selber in den unendlichen Weiten der Großstadt auf Expedition gehen, um Büchermacher ausfindig zu machen, die sich für das Schnäppchen interessieren könnten, und die so klein waren, dass sie dem KMU-Kriterium entsprachen. Diese Tour machte mich bald so schwindelig wie die Zentrifuge. Von zehn angerufenen Verlagen waren zwei zu einem Gespräch bereit. Einer lag in Sichtweite des Kreuzberges. Wer nicht weiß, wo er liegt: Das ist der Hügel im Viktoriapark bei der Großbeerenstraße, der von dem Star-Architekten, Karl Friedrich Schinkel, extra mit einem Denkmal zum Thema „Befreiungskriege gegen Napoleon 1813-15" bebaut wurde, damit man ihn nicht übersieht. In den Verlagsräumen im dritten Stock auf dem zweiten Hinterhof fand ich eine einzige Frau vor, die mir versicherte, dass sie mich liebend gerne mitarbeiten ließe. Sie könne es aber nicht verantworten, mich nach den neun Monaten für umsonst weiter werkeln zu lassen. Für nicht umsonst gab es keine betriebswirtschaftliche Grundlage. Ich verließ den Verlag nach einem netten Plauderstündchen und mit einem Buch über die Deutsche Mystik in der Tasche. Wenigstens ich hatte ein Schnäppchen gemacht und konnte nun einiges über Meister Eckart lernen, der einst wie ich in Erfurt aktiv war – nur ein paar Jahre früher.

Der zweite Verlag am Prenzlauer Berg hatte ein eher linkes und entsprechend weniger religiöses Veröffentlichungsangebot. Er schien im Wesentlichen aus einer großen Zweiraumwohnung zu bestehen. Dieses Mal saß mir ein Mann mit dickem, grauem Bart gegenüber. Ich musste sofort an Karl Marx denken. Im Laufe des Gespräches nahm sein Gesicht tatsächlich immer mehr die Züge eines grübelnden Philosophen an. Er sah einfach nicht – wie ein findiger Kapitalist es täte –, dass er ein ganzes Dreivierteljahr lang eine Arbeitskraft für Lau haben konnte. Stattdessen begann sich in seinem Kopf ein schier unlösbares Problem aufzutürmen. Er hätte für seinen kostenlosen Kollegen einen Arbeitsplatz einrichten müssen. Oh je, wo setzt man ihn bloß hin? Der Mann sah nicht nur aus wie Karl Marx, er dachte wohl auch wie er. Er hatte seinen Fünfjahresplan schon fertig und konnte ihn unmöglich noch einmal umstellen. Am Ende verließ ich den Verlag wieder mit dem Schnäppchen von *Futur Zwei* unterm Arm. Dann war die Inkubationszeit auch schon um. In der Allee der Kosmonauten hatte ich mich so erkältet, dass das monatelang mit dem Chor eingeübte Weihnachtsoratorium ohne mich stattfand. Eine schöne Bescherung.

Bruchlandung auf dem Planeten Treptow

Da ich auf diese Weise keinen einzigen Monat bei einem Verlag praktizierte, saß ich bald wieder im Sprechzimmer von Frau Muschler mit einem neuen Einjahresplan. Eine ehemalige DDR-Berufsschule in Treptow lockte mit einem Auslandspraktikum, das im Anschluss an eine Schulung unter dem Titel „Projektmanagement im internationalen Geschäftsverkehr" stattfinden sollte. Projektmanagement-erprobt wie ich war seit meinem Einsatz für die Romantik von Charlottenburg-Wilmersdorf, versprach das doch eine wunderbare Kontinuität. Ich würde so viel wie nie zuvor über die Ökonomie lernen und meine Spanisch-Kenntnisse zum Einsatz bringen können. Frau Muschler war zunächst nicht begeistert, wollte sie doch eine „Maßnahme-Karriere" eigentlich vermeiden. Denn das bedeutete, ein ganzes Jahr lang wieder nur üben, und zwar in Vollzeit. Da ihr aber keine gescheite Alternative zu dem schon über vier Jahre andauernden Bewerbungsmarathon einfiel, gab sie schließlich grünes Licht. Das Jahr im *Trainingszentrum für Berufseinsteiger und Arbeitsmarktaußenseiter*, kurz TBA, sollte zu einer besonderen Herausforderung werden. Erstmal war ich schon allein wegen der Entfernung jeden Tag zehn Stunden lang unterwegs, was wieder die Frage provozierte: Warum kann man, verdammt nochmal, immer noch nicht beamen? Dann, kaum am Tatort angekommen, unterzog sich jeder potentielle Projektmanager einem ersten Fitnesstest, wenn er nur die Schulungsräume in der dritten und vierten Etage erreichen wollte. Vor ihm türmte sich ein Berg so unglaublich hoher Stufen auf, dass er jeden Tag eine Entschlossenheit brauchte, als besteige er den Mount Everest. Der Test ließ sich dann beliebig oft wiederholen – bei jeder Kaffee- oder Raucherpause.

Allein in Treptow einzureiten, kam der Landung auf einem anderen Planeten gleich. In den ersten Wochen, noch ehe ich die Schleichpfade durchs Grüne kannte, zielte ich die Schule über die Hauptstraßen an. Dort sah ich im Vorbeigehen schon kurz vor Acht die ersten Bistro-Besucher, die Arme auf den Tisch gestützt, hinter ihrer Flasche Bier sitzen. Noch mehr waren es dann in der ersten Kaffeepause gegen Zehn. Die alte Devise „kein Bier vor Vier" wurde hier offenbar nach einer speziellen Ortstradition ausgelegt: Trinke das Bier erst nach Vier – nach vier Uhr früh. Auf dem Weg von der S-Bahn am Treptower Park zur Schule und retour musste ich eine Ansammlung von Imbiss-Buden passieren. Dort wurde ich eines Tages Zeuge einer denkwürdigen Szene. Auf dem Heimweg sah ich zwei Männer am Tisch vor der Döneria stehen – ohne Döner, aber mit Bier – in lautstarken Streit vertieft. „Das iss nich wahr! Stümmt doch jar nich...!" Schon in zehn Meter Entfernung konnte ich verstehen, was ihre Gemüter erhitzte. „Ich bin ein noch ärmeres Schwein als Du!" schallte es über den Platz. Noch in der S-Bahn hallte der Überbietungskampf in mir nach. Irgendein Philosoph hatte irgendwann einmal gesagt, wer ein zufriedener Mensch sein will, möge sich besser nicht vergleichen. Der Spruch bekam jetzt eine ganz eigene Tiefe im Lichte dieses Dialogs. Immerhin hielten die beiden ihre Wettbewerbsfähigkeit wach, auf die es doch heute so sehr ankommt.

Um sich im Wettbewerb als „Träger" für die Arbeitslosenbewirtschaftung zu behaupten, hatte sich das TBA nun etwas ganz besonderes ausgedacht. Zwei Auslandspraktikumsziele wurden in Aussicht gestellt. Einmal Granada in Andalusien und einmal Londonderry in Nordirland. Der Programmdirektor, Herr Knaus: „Verwechseln Sie das bitte nicht mit London, es ist Londonderry." Aha, das kleine Städtchen in Nordirland, wo sich Katholiken und Protestanten noch vor ein paar Jahren bis auf die Zähne bewaffnet gegenüberstanden, weil sie wohl mit den Reformationskriegen immer noch nicht fertig waren. Für mich stand die Wahl ohnehin schon lange fest. Allein ein bisschen Beschulung im TBA trennte mich von Andalusien; das heißt ein wenig BWL, ein paar Projekt-Management-Skills und ein Kommunikationstraining. Das Ganze wurde noch garniert mit etwas Wirtschaftsrecht, Sprachunterricht in Englisch und Spanisch sowie einer Einführung in die Anwendungen von Microsoft-Office. Viel hilft mitunter viel, vor allem, wenn der Sozialstaat als umworbener Sponsor von der Fülle des Angebots schwer beeindruckt werden soll.

Erkenne dich selbst 2

So vielgestaltig wie das Programm des *Trainingszentrums für Berufseinsteiger und Arbeitsmarktaußenseiter* war die Zusammensetzung der Gruppe, die es nun für neun Monate acht Stunden pro Tag miteinander aushalten sollte. Vom Gärtner über den Fleischer, die Buchhändlerin und den studierten, aber nie ausgeübten Betriebswirt, vom ungelernten Freak der DDR-Musikszene bis hin zum promovierten Philosophen waren so ziemlich alle Berufsstände vertreten. Der BWL-Diplomand verriet mir einmal in der Pause sein Lebensmotto: „Wer nichts wird, wird Wirt". Des Morgens saß er still in der letzten Reihe und hörte sich all das noch einmal an, was er schon hinlänglich aus dem Studium kannte; und des Nachmittags hielt er unüberhörbar sein Mittagsschläfchen. Dafür gebührte ihm am Ende der Weiterbildungsmaßnahme eine besondere Auszeichnung der Schulleitung, weil er seine Ökonomie-Prüfung mit Bravour bestanden hatte – wen wundert es bei einem voll ausgebildeten Wirtschaftsfachmann? Wahrscheinlich aber auch, weil er so wohltuend wenig Aggressionspotential besaß.

Auf die Tücken der Gruppendynamik aufmerksam zu machen, war eine der Aufgaben von Frau Schultheiss-Blücher, der Expertin für Kommunikation. Sie war in der DDR aufgewachsen, weil ihre Eltern die absolute Gegenbewegung zu Gundula angetreten hatten. Als überzeugte Kommunisten verließen sie West-Berlin 1961, um bei der Entwicklung des Arbeiter- und Bauernstaats life dabei zu sein. Dabei verschlug es Frau Schultheiss-Blücher in eine Siedlung mit dem malerischen Namen Eisenhüttenstadt. Das wurde dort auch vor allem gemacht: Eisen verhüttet und Stahl gekocht. In ihrer ersten Karriere kommunizierte sie vor allem mit Maschinen. Sie kannte alle kybernetischen Codes, um diese reibungsfrei arbeiten zu lassen. Als die Wende kam und Frauen erst einmal nichts mehr in der Technik zu suchen hatten, stand sie vor der Aufgabe einer kompletten Umorientierung. Diese meisterte sie mit sichtlichem Erfolg und weihte nun ihre neuen Truppenteile in die vier Phasen der Teambildung ein. In der weisen Voraussicht, sie würden diese selber durchlaufen müssen. Sie würden zunächst einander abtasten und zaghaft beäugen in der „Orientierungsphase". In der „Konfrontationsphase" würden sie dazu übergehen, die Hackordnung zu klären und die Rollen des Alpha-Tiers, der Mitläufer, des Außenseiters und des kritischen Geistes zu verteilen. In der Rolle des *genius malignus* fühlte ich mich selber besonders wohl. Die „Phase der Strukturierung" hat die Klasse nie wirklich erreicht. Da hätte sie laut Unterlagen „das Gefühl der Ausweglosigkeit überwinden" und mit „geklärten Standpunkten neue Verhaltensweisen entwickeln" müssen. Damit blieb auch das vierte Stadium, die „Phase der Identifikation" in „offener, ideenreicher Kooperation" ein Ziel hinterm Horizont. Innerhalb des Ereignishorizonts ging es eher so zu: Als nach einem halben Jahr die Sonne begann, auf dem Dach des TBA zu brüten, brachte sich der Fleischer seinen ganz persönlichen Exhaustor mit. Der Vordermann in der Bankreihe: „Mach den Miefquirl aus, ich will mich nicht noch erkälten!" Der Fleischer: „Und ich habe keine Lust, wegen Dir hier zu ersticken! Setz Dich doch woanders hin!" Wie gut, dass der Fleischer keines seiner Dienstwerkzeuge dabei hatte. Um so unscheinbarer saß ganz vorne an der Tafelfront ein kleines Männchen, von dem ich nicht ausmachen konnte, ob es überhaupt etwas mitbekam. In einem von mir losgetretenen Pausengespräch entlockte ich ihm einmal, dass er sehr kurzsichtig sei und noch bei seinem Vater wohne.

Bei *Futur Zwei* hatte ich schon gelernt, dass der Mensch nur zu 10% ein *animal rationale*, also ein Vernunftwesen ist, das sich in klaren, sachlichen Worten ausdrückt. Der ganze große Rest der Information wird über emotionsgeleitete, nonverbale Kommunikation transportiert, also über Gesten, Mimik und Körpersprache. Dieses Wissen frischte Frau Schultheiss-Blücher nun auf; und die tägliche Feldstudie im TBA bestätigte seine Richtigkeit immer wieder neu. Die Zielgerade ihrer Mission erreichte Frau Schultheiss-Blücher mit dem üblichen Bewerbungstraining samt Persönlichkeitstest. Ehe sie aber mit ihren Schützlingen in die Niederungen des Arbeitslosenalltags hinabsteigen konnte, stand plötzlich der Geschäftsleiter des TBA, Herr Bemmenmann, im Raum. Nicht um sich vorzustellen, sondern: „Ich wollte mir Sie einmal ansehen..." Als er das getan hatte, hob er an zu einer Rede, um den Projektmanagern *in spe* nochmal die besonderen Chancen dieses Elitekurses vor Augen zu führen. Das Ziel sei, jeden zu befähigen, in einem internationalen Rahmen Projekte zu bearbeiten – „kommunikationsstark, organisationsstark, mit sozialer Kompetenz" und natürlich ausgestattet mit den nötigen Fremdsprachenkenntnissen. Als Herr Bemmenmann wieder verschwunden war, holte Frau Schultheiss-Blücher die Anwesenden auf den Boden der Tatsachen zurück. „Die Bewerbung ist im Grunde nichts anderes als eine Form des Selbstmanagements..." – stimmt, das hatte schon Herr Gröning gesagt –, „...und des Marketings, speziell der Selbstvermarktung". Das hatte ich auch schon mal gehört, aber wo? Ja genau! Die Staatsbürgerkundelehrerin meiner Oberschule in Erfurt hat einst so etwas losgelassen: „Im Kapitalismus muss der Einzelne seine eigene Haut zu Markte tragen." Frau Schultheiss-Blüchers Blick blieb an meinem hängen. „Haben Sie eine Frage?" Whoops, kann sie Gedanken lesen? „Nein, nein, ich habe alles verstanden." „Na, dann ist ja alles in Ordnung." Das stimmte zwar nicht, aber ich wollte sie auch nicht aufhalten, die Strategiebildung für die Bewerber weiter zu entfalten. „Die initiative Bewerbung ist dem stumpfen Reagieren auf Ausschreibungen vorzuziehen." Sie zeuge von dem festen Willen, unbedingt bei diesem einen, bestimmten Wunscharbeitgeber anzuheuern. Frau Schultheiss-Blücher war überzeugt, die Personaler würden sogar die Unterlagen oft noch eine Weile aufbewahren, um sie dann im Falle einer Neubesetzung wieder aus der Schublade zu holen. Deshalb konnte es passieren, dass sich wie ein Blitz aus heiterem Himmel doch noch jemand meldet. Das lohnte sich, doch einmal auszuprobieren. Ich kannte da einen großen Verlag, dessen Veröffentlichungsspektrum komplett mit meinem Wissensspektrum übereinstimmte. Das schrieb ich ihm und belegte es auch brav. Und was kam zurück? „Wir empfehlen Ihnen grundsätzlich, auf Stellenanzeigen in der Fach- und Tagespresse und auf unserer Webseite zu achten und sich gezielt bei uns zu bewerben, falls Sie sich angesprochen fühlen. Ihre Bewerbungsunterlagen senden wir Ihnen mit Dank zurück." Wieder nur eine Retourkutsche. Dagegen war der erneute DISG-Test keine reine Wiederholungsübung. Wie er geht, wusste ich ja schon. Nur Herrn Grönings Erklärung, er repräsentiere „tiefere Persönlichkeitsstrukturen, die über einen längeren Zeitraum erhalten bleiben", bestätigte sich nicht. Dieses Mal ging ich aus dem Test als ein „Dominanter" mit einer Neigung zum „Innovativen" hervor. Ich hatte mich in ein mitteilsames Alpha-Männchen verwandelt.

Zumindest passten meine Antworten in dieses Profil, mit denen ich danach das „Stress-Interview" bestritt, eine ganz spezielle Form des Bewerbungsgespräches. Die hätte ich nur zu gerne mal einem echten Interviewer angedeihen lassen. Und zwar so: „Wo sehen Sie Ihren größten Misserfolg, Ihre größte Enttäuschung?" „Immer schon zu alt zu sein, bevor man überhaupt etwas tun und leisten kann." „Was machen Sie, wenn wir Sie nicht nehmen?" „Weiter jahrelanges Bewerber-Pingpong spielen oder einen Amoklauf." „Wenn Sie in einer fremden Stadt ankommen, wo gehen Sie zuerst hin?" „In die Kneipe." „Ihr Lebenslauf lässt jeden roten Faden vermissen..." „Ja, dafür haben Leute wie Sie in jahrelanger Kleinarbeit gesorgt."

„Die Geister lasset aufeinanderprallen, aber die Fäuste haltet stille"

Nachdem ich den Aufbau eines Unternehmens bereits kannte, war es für mich als zukünftigem Unternehmer nun an der Zeit, beim *Trainingszentrum für Berufseinsteiger und Arbeitsmarktaußenseiter* auch zu erfahren, wie man sein Geschäftsleben bilanziert. Für die Aufzeichnung der Bilanz gab es eine schlaue Tabelle, die das Anlagevermögen und das Umlaufvermögen auf der einen Seite auflistet und auf der anderen das Eigenkapital und das Fremdkapital. Ich lernte, dass Fremdkapital immer mit in den Kapitalstock gehört. Das habe den Vorteil, dass der fremde Geldgeber nicht in die Unternehmensstrategie hineinreden darf. Dafür aber kann er auf die Rückzahlung seiner Leihgaben bestehen. So erfuhr ich auch eine Menge über die Kunst des gepflegten Schuldenmachens. Da gibt es zum Beispiel das Festdarlehen, wo das dicke Ende am Schluss mit einem großen Batzen Rückzahlung kommt. Dann haben wir das klassische Abzahlungsdarlehen, was wohl jeder als Ratenkredit kennt. Und schließlich hat man noch den Lombard-Kredit erfunden, über den ein Teil meines Unternehmer-Vermögens in Form eines Wertpapiers zur Bank wandert. Den darf sie einfach behalten, wenn ich, der Unternehmer, den Kredit nicht mehr würde bedienen können. Ich hörte auch zum ersten Mal in meinem Leben, dass man Schulden verkaufen kann. Das macht man mit einem Wunderinstrument namens *Factoring*. Das *Factoring* ermöglicht den Banken irgendwie, das „weniger als Nichts" fröhlich zu bewirtschaften, während das Risiko für die Tilgung des Kredits weiterhin beim verschuldeten Unternehmer bleibt. Für den Fall, dass einmal etwas schiefgeht, waren noch die Unterrichtseinheiten in Wirtschaftsrecht vorgesehen. Als ich das alles gehört hatte, hoffte ich sehr, einst einem so großen Unternehmen vorzustehen, dass ich meine Bilanz mit guten Kontakten in die Politik würde über den Steuerzahler wieder ausgleichen können. Denn ein richtig großes Unternehmen ist entweder groß und stark oder groß und systemrelevant.

Das Wirtschaftsprogramm des TBA bot auch einige wertvolle Tipps, wie man richtig investiert. Mitunter, besonders in der Startphase eines Unternehmens kommt es vor, dass die Einkünfte nicht so regelmäßig sprudeln. Das aber erschwert ungemein, den Bedarf an weiteren Investitionsmitteln einzuschätzen. Um da Abhilfe zu schaffen, haben sich die guten Ökonomen eine so genannte Zinsfuß-Rechnung ausgedacht, die es erlaubt, eine mittlere jährliche Rendite zu errechnen. Mit dem Ergebnis konnte man dann auch das mögliche Investitionsvolumen abschätzen. Was die Gärtner, Fleischer, Tonspurmeister, Philosophen,

Flughafenbodenpersonaler und Buchhändler so alles inzwischen in ihre Köpfe füllten, war einfach atemberaubend; und das lief nicht immer reibungsfrei. Gerade an dieser Stelle musste der Gärtner nochmal genauer nachfragen. Wie war das bitte nochmal mit dem Zinsfuß? „Was will'ste denn damit jetzt bloß?!", brodelte es schon in der hinteren Hälfte des Raumes. Dieses Phänomen kannte ich doch schon. Wie war das doch gleich mit dem kleinen Löffel? Als der Dialog des Gärtners mit dem Wirtschaftsprofessor weiter an Fahrt aufnahm, ging ich ahnungsvoll hinter meinem Ökonomie-Hefter in Deckung. Tatsächlich machten die Männer in der letzten Reihe ihm mit zunehmender Lautstärke Vorhaltungen: „Du hältst den Betrieb auf! Halt endlich den Rand!" Dann kam es, wie es kommen musste. „Ihr Arschlöcher! Bin ich denn nur von Idioten umgeben?!" Und schon knallte die Tür hinter dem Gärtner ins Schloss. Für dieses Mal gab es Entwarnung. Ich brauchte nicht länger versuchen, hektisch in meinem Gedächtnis die früher einmal gelernten Karate-Sequenzen zu rekonstruieren. Das TBA hatte sich wohl allzu wahllos eine ungeahnt explosive Mischung aus dem Arbeitslosenpool zusammengesucht, um seinen tollen, neuen Kurs auch wegen einer überzeugend großen Zahl von Interessenten gefördert zu bekommen. Als die Luft immer öfter brannte, war es Zeit für Frau Schultheiss-Blücher, wieder auf den Plan zu treten. Einen ganzen Tag lang schaltete sie im Dialog mit der Klasse dynamisch zwischen Metaebene und Konfliktebene hin und her, während sich parallel dazu ein Flip-Chart mit den Wünschen und Befindlichkeiten aller Beteiligten füllte. Das Blatt wurde feierlich aufbewahrt und alle versprachen einander hoch und heilig zu respektieren, was darauf geschrieben stand. Dafür hätte man Frau Schultheiss-Blücher den „Vaterländischen Verdienstorden in Gold" verleihen sollen. Denn ohne sie hätte das TBA wohl nur noch ein Einsatzkommando engagieren können unter der Führung von Bud Spencer und Terence Hill.

„In the Army Now"

Da wir bekanntlich nicht mehr im Dampfmaschinenzeitalter leben und der Computer heute selbst im winzigsten Singlehaushalt zur Standartausrüstung gehört, gab es im *Trainingszentrum für Berufseinsteiger und Arbeitsmarktaußenseiter* auch eine ausgiebige Einweisung in die neueste Technik. Für den modernen Bewerber war es geradezu ein Muss, dem Wunscharbeitgeber, möglichst offiziell beglaubigt, ein wunderbar sattelfestes Computer-Know-how vorzuweisen. Um sich das entsprechende Papierchen besorgen zu können, wurde neuerdings von den Arbeitslosenbildungsträgern mit Vergnügen der so genannte „Computer-Führerschein" angeboten. Die Unternehmenskultur des TBA reichte weit in die DDR-Zeit zurück, wo noch Zucht und Ordnung herrschte. Daran knüpfte eine gewisse Ortstradition an, die bis in die Gegenwart reichte. Das wurde jedem spätestens klar, wenn er sich dem Training zur Anwendung der Microsoft-Office-Programme bei Frau Nauber unterzog. Wer bereits seinen Wehrdienst abgeleistet oder wenigstens in Schule und Lehre an der paramilitärischen Ausbildung der *Gesellschaft für Sport und Technik* teilgenommen hatte, war hier klar im Vorteil. Bereits Frau Naubers Erklärung, was sich wo auf dem Bildschirm befindet, ließ keinen Zweifel an ihrem Führungsanspruch: „Das hier ist die Statusleiste, hier ist die Menüleiste und hier die Symbolleiste. Diese Begriffe werden Sie ab jetzt immer benutzen. Wehe es erzählt mir nochmal einer etwas von dem Button da oben links, oder so!" Auch sollte es sich besser niemand wagen, einfach mitten im Unterricht aufs Klo zu gehen. Noch ehe sich die jüngste in der Gruppe, eine ausgebildete Fremdsprachensekretärin, diesen Fauxpas erlauben konnte, wurde sie zurückgepfiffen: „Was fällt Ihnen ein! Sie hatten dazu in der Pause Zeit. Die ist erst eine Viertelstunde her!" Ja genau, wo kämen wir denn da hin? Ein Soldat im Feld kann ja auch nicht seinem Gegner, der gerade das Gewehr auf ihn anlegt, zurufen: „Moment bitte, ich muss mal!" Darauf die Sekretärin: „Was kann ich denn dafür, ich habe meine Tage!" Das hinterließ bei General Nauber keinen nennenswerten Eindruck. Tja, warum müssen die Weiber aber auch unbedingt freiwillig zur Armee gehen, selber schuld. Der jungen Frau blieb nur, den Rückzug anzutreten. Mit hochrotem Kopf und in einem Tempo, als sei der Feind hinter ihr her, rannte sie aus dem Raum und ward an diesem Tag nicht mehr gesehen.

Als die Prüfung zum Erwerb des „Führerscheins" nahte, fühlte ich mich eigentlich ganz gut vorbereitet. Das Gefühl deckte sich weitgehend mit der Realität beim Test der Tabellenkalkulation mit dem Programm *Excel*. Da konnte ich in einem Simulator entsprechend den Aufgaben einfach formatieren und rechnen, was das Zeug hielt. Bei der Textverarbeitung mit *Word* war das ganz anders. Hier durfte man die Aufgaben nicht einfach umsetzen, indem man das Programm bediente. Man musste texten, das heißt aufschreiben, wie man die Funktionen bedienen würde. Leider formuliert ein Philosoph mitunter etwas ausführlicher als etwa ein Fleischer oder Gärtner. Ich spürte, wie mir die Zeit davonlief, und begann, wie wild zu tippen. Als die Zeit um war und der Hammer fiel, hatte ich nicht einmal zwei Drittel der Aufgaben bewältigt. Ich saß zusammengesunken vor dem PC wie ein Fahrschüler vor dem Lenker, der ahnt, dass es fürs Bestehen der Prüfung wohl nicht gereicht hat. Und so etwas musste mir passieren, der ich schon eine ganze Doktorarbeit mit ausladender Gliederung, Fußnotenapparat und kompletter Buch-Cover-Gestaltung bis zur Druckreife designed hatte – mit *Word*.

Das Vertrauen in die eigenen Fähigkeiten kam erneut auf den Prüfstand, als jeder Projektmanager-Kandidat dem Schulungsprogramm entsprechend sein eigenes Projekt erarbeiten sollte. Beim Projektmanagement handelt es sich ja nach klassischer Definition um die Erfüllung einer zeitlich befristeten Aufgabe. So gesehen ist unser ganzes Leben nichts anderes als ein großes Projektmanagement. Und die letzte Zielmarke ist erreicht, wenn sich der Sensenmann bei uns meldet und uns mitteilt, dass die Zeit zur Erfüllung der Aufgabe jetzt definitiv um ist. Obwohl sich das Gesamtprojekt Lebensgestaltung in viele kleine, übersichtliche Teilprojekte zergliedern lässt, ist sein „Management" alles andere als einfach. Weil nämlich das gesetzte Ziel immer wieder abhanden kommen kann. Das Ziel aber ist unabdingbar, um in einem Projekt den kritischen Pfad festzulegen, auf dem die hauptsächlichen Arbeitsschritte in der richtigen Reihenfolge ablaufen müssen. Diese Schritte dürfen weder aufgeschoben noch aufgehoben werden. Deshalb ist der Pfad so kritisch. Das Ziel ist auch unabdingbar, um die so genannten Zielmarken im Projektablaufplan zu setzen. Die Zielmarken zeigen wichtige Zwischenergebnisse an und machen sichtbar, ob bis dahin jeweils alles gut gegangen ist. In meinem Probeprojekt kam ich auf die glorreiche Idee, eine Vortragsreihe über die Bibel für die Urania zu entwerfen. Dieses Vorhaben aber wollte einfach nicht in das Management-Muster passen. Wie sollte ich bloß den kritischen Pfad anlegen und wo die Zielmarken einbauen? Musste ich jetzt genau angeben, welches Buch ich wann lese, wann ich daraus etwas abschrieb und in welchem Zeitraum ich den Vortrag selber zusammenbaute? Am plausibelsten war noch festzulegen, wann die Power-Point-Präsentation fürs Publikum fertig und durchgetestet sein musste: ziemlich weit hinten. Im Grunde konnte ich mich gleich danach mit dem Laptop unterm Arm auf den Weg zur Urania zu machen. In meinem Projektplan stand entsprechend wenig substantielles drin. Wieder fiel ich beinahe durch. Und so etwas musste mir passieren, der ich über drei Jahre eine Serie von Doktorandenkolloquien, die Mitarbeit in einem Graduiertenkolleg, sechs Seminare, einen Tutoren-Job und ganz nebenbei noch das Schreiben einer Doktorarbeit ziemlich erfolgreich gemanaged habe – ohne auch nur von einer Zielmarke oder einem kritischen Pfad zu wissen.

Das war wohl nix 2

Für die Vermittlung des Wirtschafts-Know-how waren im *Trainingszentrum für Berufseinsteiger und Arbeitsmarktaußenseiter* gleich drei Dozenten engagiert, von denen sich einer auch im Personalwesen auskannte. Herr Wiel plauderte gern aus dem Nähkästchen seiner Erfahrung als Unternehmensberater und seiner vorübergehenden Tätigkeit in der Personalabteilung eines größeren Unternehmens. Dort assistierte er auch bei der Auswertung von Bewerbungen. Er fragte den Chef, wie sie denn bei der Vorsortierung der Hefter vorgingen. „Das ist ganz einfach, wir nehmen den Haufen, holen einmal richtig Schwung und ...", schon ließ er den Stapel über den Konferenztisch fliegen. „Was oben liegen bleibt, ist das, was wir uns näher ansehen." Nachdem die Klasse jetzt ohnehin schon mit offenen Mündern dasaß, konnte er gleich noch eins draufsetzen. Und ich lieferte ihm die Steilvorlage mit der Frage: „Wie stehen denn eigentlich die Chancen nach Absolvieren dieser Weiterbildungsmaßnahme?" Herr Wiel räusperte sich, zögerte, dann verkündete er: „Das dürfte schwierig sein. So ganz ohne weiteres BWL- oder VWL-Studium wird es wohl in der Wirtschaft kaum gehen..." Was? Nach diesen Enthüllungen verspürte ich das dringende Bedürfnis, mit den anderen darüber zu sprechen. Aber scheinbar fand außer mir gar keiner groß etwas dabei. Die allgemeine Reaktion ließ sich in der Frage an mich zusammenfassen: „Was hast Du denn gemeint, was Du großartig damit anfängst?" Die gab ich gleich zurück: „Woran habt ihr denn gedacht, als ihr euch für das Ding hier angemeldet habt?" „Na an das Auslandspraktikum, was denn sonst?" Die drumherum Stehenden nickten eifrig. „Genau, sonst kann man doch nie mehr so weit reisen mit den paar Piepen."

Unter all diesen Eindrücken schraubte ich meine Ansprüche immer weiter herunter und bot inzwischen meine Arbeitskraft diversen Zeitarbeitsfirmen als Leihgabe an. Die aber brauchten seinerzeit vor allem Callcenter-Agenten – schon beim Gedanken daran wurde ich heiser – und Sekretärinnen. Ich fragte mich, ob sie dort wirklich nur so richtige Frauen nehmen, die aufpassen müssen, dass sie sich beim Tippen an der Tastatur nicht ihre bunten Fingernägel abbrechen. Eine blonde Perücke habe ich ja noch vom letzten Karneval im Schrank. Ich stellte mir schon vor, wie meine Metamorphose zur Sekretärin aussehen könnte. „Guten Tag, darf ich mich vorstellen? Ich bin Daniela Rosenberger..." Aber das ganze Jahr Fasching war mir dann doch zu blöd. Trotzdem postierte ich den Lebenslauf in allen möglichen Zeitarbeitsfirmen von *Manpower* über

Randstad und *Monster* bis *Dr. Stern* in der Hoffnung, sie brauchten manchmal auch einen Sekretär. Wenn man das alles auf Google Maps in Berlin einzeichnen würde, wäre die Karte geradezu mit virtuellen Stecknadeln übersät. Allein die auf Büromanagement spezialisierte Firma *Amadeus Fire* würde fehlen. Denn sie teilte mir gleich vier Wochen nach der ersten Anfrage mit, dass sie gedenkt, die Daten wieder zu löschen. Um ihren Computer zu schonen. Unnütze, weil ungenutzte Bewerberprofile wollten sie selbst elektronisch gar nicht erst einmotten. Deshalb heißt der *Amadeus* also „*fire*" ohne „*hire*", feuern ohne heuern.

Eine neue Morgenröte der Hoffnung stieg am Horizont auf, als mir mit einer Beilage der *Frankfurter Allgemeinen Zeitung* extra für Studenten die Information in die Hände fiel, dass Unternehmensberatungsfirmen sich neuerdings auch für Geisteswissenschaftler interessierten. Hatte Herr Gröning doch Recht? Beispiele von in Frage kommenden Unternehmen lieferte die Zeitung gleich mit. So konnte ich sicher sein, dass auch die *Boston Consulting Group* zu den Firmen gehörte, die sich offen für die Quereinsteiger zeigten. Auf ihrer Webseite lächelte mich eine junge Dame an, die für das Rekrutieren neuer Mitarbeiter im Berliner Raum zuständig war. Die rief ich prompt an. Und sie bestätigte mir, dass es über eine individuell zugeschnittene Anlern- und Einarbeitungsphase möglich sei, in das Geschäft hineinzuwachsen – erste Beratungsgespräche in Begleitung erfahrener Kollegen inklusive. Um den Bewerbungsvorgang offiziell einzuleiten, brauchte ich nur auf der Webseite der *Boston Consulting Group* meine Daten mit dem bisherigen Werdegang zu hinterlegen und ein paar Fragen zu beantworten. „Nur" ist gut. Das Frage-Antwort-Spiel erwies sich als eine höchst komplexe Angelegenheit. Einen halben Arbeitstag im TBA durfte ich sitzen und schwitzen, um die Daten in ein riesiges Geflecht aus Fenstern und Masken einzubongen. Die Fragen schienen kein Ende zu nehmen. Schon kurz nach dem Prozedere konnte ich mich nur noch an zwei erinnern: wo ich zur Schule ging und was meine Motivation sei, dass ich gerade der *Boston Consulting Group* meine Aufwartung mache. Den Lebenslauf zerkleinerte ich in viele mundgerechte Portionen, die der Computer dann herunterschluckte. Nach vier Stunden machte er endlich ein Bäuerchen. Fertig, die Prozedur war erfolgreich abgeschlossen. Und mir wurde in Aussicht gestellt, nach zwei Wochen Verdauungszeit eine Antwort per E-Mail zu bekommen. Die kam tatsächlich und pünktlich. Darin bedankte sich die *Boston Consulting Group* bei mir für das Interesse. „Nach eingehender Prüfung der Unterlagen" habe sie sich entschlossen, das Bewerbungsverfahren nicht fortzusetzen. „Im Gesamteindruck sind wir zu der Auffassung gelangt, dass das Profil Ihrer Fähigkeiten und Kenntnisse nicht mit unseren Anforderungen übereinstimmt. Mit freundlichen Grüßen...". Das sonst obligatorische „leider" fehlte. Und einen entscheidenden Satz vermisste ich dieses Mal auch: „Wir wünschen Ihnen dennoch alles Gute für die Zukunft".

Wenn einer eine Reise tut, dann tut ihm das nicht immer gut

Vielleicht hat die *Boston Consulting Group* nach ihrer „eingehenden Prüfung der Unterlagen" ja längst bemerkt, dass die Zukunft inzwischen zu einer langsam auf der Zeitlinie entlangkriechenden Vergangenheit geschrumpft war. Mit dem Praktikum in Granada gab es die einmalige Chance, das alles für drei Monate zu vergessen. Na ja, fast. Denn mein schönes Apartment in der Neustadt wurde leider mit noch ein paar der deutschen Arbeitslosen belegt, ohne eine Wahl zu haben, mit wem. Spanisch zu sprechen mit den Mitbewohnern in der von einer Sprachschule angemieteten Wohnung, fiel also schon mal aus. Und auf der Arbeit? *Auf nach Andalusien!*, das Vermittlungsbüro vor Ort, gab sich alle Mühe, den Kandidaten ihre Praktikumsplätze geradezu auf den Leib zu schneidern. Ich fühlte mich im Immatrikulationsbüro der Schule für moderne Sprachen an der hiesigen Universität sehr gut aufgehoben. Dort nahmen sie mich auf wie einen echten Kollegen und hatten vor, mir alle Arbeitsgänge zu zeigen: wie man mit den Studenten am Counter spricht, Kurse bucht und die Unterlagen führt. In alle Geheimnisse der Sprachkursverwaltung wollten sie mich einweihen, wenn da nur nicht der Knoten in meiner Zunge gewesen wäre. Ich konnte auf Spanisch einfach keinen Satz spontan bilden und geradeheraus sprechen. Mit der geistigen Ausstattung eines Akademikers, aber sprachlich zurückversetzt aufs Grundschulniveau, kam ich mir bald ziemlich dämlich vor. Doch selbst jetzt oder gerade jetzt trug mich das Personal wie auf Händen. Der Abteilungsleiter öffnete mir die Pforten seiner Schule, ließ mich an den Vormittagen Intensivsprachkurse besuchen für umsonst, und arbeiten brauchte ich nur noch nachmittags. Papiere in die Akten einsortieren konnte ich immerhin. Aber kaum begann ich mich einzuleben, wurde der so angenehm normale Arbeitsalltag jäh unterbrochen. Herr Knaus, der Programmdirektor des TBA und sein Kompagnon schlugen nach drei Wochen in Granada auf, um den Verbleib ihrer Schäfchen selbst zu begutachten. Ich wäre am liebsten im Boden der Sprachenschule versunken, als sie dort begannen, mit ihren Kameras alles abzulichten wie Touristen. Auch wenn mein Spanisch nicht weit reichte, den Kollegen brauchte ich nicht viel zu erklären. Auf die Wirkung der nonverbalen Kommunikation konnte ich mich verlassen.

Im Laufe der Zeit wurde es nach der Arbeit immer schneller dunkel und kalt in der Stadt. Es herbstelte im Mittelmeerraum. Bald zog ich mich zum Feierabend nur noch in den PC-Pool der Universität zurück. Wegen des seltsamen

Brauches der Siesta war der Dienst ohnehin immer schon recht spät zu Ende. Und das wegen drei so freien wie leeren Mittagsstunden, in denen ich die gesamte Stadt verriegelt und verrammelt vorfand. Sämtliche Geschäfte, Museen und Postämter waren geschlossen. Ganz Granada döste vor sich hin. Die Abende wurden um so länger, je mehr ich mied, im Quartier auf die anderen Arbeitslosen zu treffen. Auf die Buchhändlerin aus dem Rheinland, die sich als stramme Katholikin entpuppte und mich jedes Mal am liebsten zur Inquisition geschickt hätte, wenn ich melancholisch über die noch heute spürbaren Auswirkungen der Reconquista in Andalusien räsonierte. Die letzten Reste muslimischer und jüdischer Kultur wurden von den so genannten „katholischen Königen" 1492 schließlich genau hier in Granada platt gemacht. Mich irritierte, welch sichtliches Unbehagen der Dame jede Anspielung auf das hier hautnah nacherlebbare Geschichtswissen bereitete. Aber auch um Olli, der mitsamt der DDR-Musikszene aus der Zeit gefallen war, machte ich zunehmend einen Bogen, je mehr ich von ihm erfuhr. Selbst hatte er mir noch erzählt, er rasiere sich die Haare am ganzen Körper. Denn wenn er mal wieder „Frischfleisch" brauchte, sollten die Frauen nicht merken, dass er wenigstens dreißig Jahre mehr auf dem Buckel hatte als sie. „Je älter ich werde, um so jünger müssen die Frauen sein. Das ist einfach so bei mir." Ansonsten brauchte er eigentlich keinen Kontakt. „Dieses Rumhängen mit anderen iss doch nur anstrengend, dieses ganze soziale Gedöns..." Nur zu Weihnachten fühle er sich immer etwas komisch. Zu Silvester ist das aber schon wieder vorbei. „Dann ist das Bierlager gut gefüllt, und auch das harte Zeug ist doch recht preiswert zu kriegen." Als wollte er mir demonstrieren, dass er tatsächlich auch zum Trinken keinen Beistand braucht, soff er vor meinen Augen eine ganze Bowlenschüssel voll eisgekühlter Sangria leer. Dazu schüttete er eine Portion Meeresfrüchte in sich hinein, für die ich drei Tage gebraucht hätte. Mit mir sprach er zumindest noch. Mit der „katholischen Gouvernante" – so sein O-Ton – legte Olli sich an, wann immer sie sich erlaubte, im Bad graue Haare zu hinterlassen. Ich kam also nur noch nach Hause, um dort zu schlafen. Im Rechenzentrum surfte ich durchs Internet. Danach surfte ich durch die Kneipen von Granada und erforschte, wo es zum Bier die besten Tapas gab. Das viele Flüssigbrot mit Snack dazu hinterließ bald unübersehbare Spuren. Wie sich später herausstellte, musste das Flugzeug allein wegen mir zehn Kilogramm mehr mit zurück nach Deutschland nehmen.

Welch angenehme Abwechslung bot da das Treffen mit Frau Grafunder von *Auf nach Andalusien!*, der ich meinen Praktikumsplatz an der Universität verdankte. Wir saßen beim Kaffee im Sonnenschein, als sie laut darüber nachzudenken begann, von was für einer Organisation sie bloß den Auftrag erhalten hatte. „Warum sind die von dem TBA überhaupt extra gekommen? Ich hätte sie doch per Telefon und Mail über den Stand der Dinge auf dem Laufenden gehalten. Das ist mein tägliches Geschäft." Und noch nie habe man ihr solche Leute angeschleppt, mit denen zum Teil kaum etwas anzufangen sei – schon allein wegen der unterirdischen Sprachkenntnisse. „Man muss doch mindestens bis zur Mittelstufe lernen, um sich einigermaßen frei zu bewegen." Ich wagte mich halb aus der Deckung: „Na ja, das ist halt keine normale Betriebsakademie, sondern eine Arbeitslosenschule." Einige Minuten später blitze es sichtlich in ihrer Augen: „Ach so, jetzt verstehe ich, warum die zwei Herrschaften selber angereist sind. Das geht alles über Sozialgelder..." Na wenigstens konnten sie so das Männchen gleich wieder mitnehmen, von dem ich nie genau wusste, ob es überhaupt etwas mitbekam. Er hatte ein Privatquartier bekommen; und es heißt, seine Vermieterin habe vor Schreck geschrien, als sie – halbnackt auf dem Balkon – das Männchen plötzlich mitten im Wohnzimmer stehen sah. Seine Auftritte fielen wohl immer mal aus dem Rahmen der jeweiligen Szenerie. Frau Grafunder war jedenfalls entschlossen: „Mit dem TBA arbeiten wir nicht wieder zusammen, nie wieder." „Na, da habe ich aber Glück, dass ich schon hier bin. Es könnte die letzte Möglichkeit in meinem Leben gewesen sein, noch einmal ins Ausland zu kommen und eine andere Kultur kennenzulernen." Dann schwärmten wir noch eine Weile von Andalusien. An der Sprachenschule der Universität drang ich innerhalb von ein paar Wochen so weit in die Mittelstufe vor, dass ich am Ende des Aufenthaltes bereit war für eine zünftige Konversation mit den Einheimischen. Dafür blieb leider keine Zeit. Meine Hauptaufgabe war schließlich, zusammen mit den anderen Arbeitslosen dem TBA zum erfolgreichen Abschluss seines „Elitekurses" zu verhelfen.

An den Wochenenden in Spanien hatte ich keine Gelegenheit ausgelassen, besagte andere Kultur zu studieren, in Granada selbst und in ihren Nachbarstädten Cordoba und Sevilla. Ich fuhr auch nach Almeria, um mich wenigstens einmal schön im Wasser des Mittelmeers zu aalen. Wieder zurück in Berlin, sah ich die Bescherung auf dem Konto. Die Arbeit im Ausland hatte wieder nichts als Erfahrung eingebracht. Und ich hatte mehr Geld ausgegeben, als in der Zeit eingegangen war. Ich musste unbedingt die Einkünfte aufbessern. Wie immer war das Einzige, was funktionierte, eine Arbeitslosenmaßnahme. Der Träger am Alexanderplatz hieß WARGA, warum, konnte ich nie ergründen. War mir auch egal, Hauptsache ich hatte das Zubrot von 1,50 Euro pro Stunde sicher. Dieses Mal lieferte ich zusammen mit elf weiteren Kandidaten solide Zuarbeiten für das

Umweltamt von Berlin. Mit den Arbeitslosen konnten sie endlich einmal alle Grundstücke in der Stadt auf mögliche Schadstoffbelastungen untersuchen – sei es durch Tankstellen, die sich in den Kindertagen des Otto-Motors oft noch in Hinterhöfen befanden, oder durch Wäschereien, die nicht nur schöne, saubere Wäsche lieferten, sondern auch eine Menge dreckige Lauge. Das Umweltamt hatte so keine Geldsorgen, brauchte es dafür doch keine neuen Leute einzustellen. Die Arbeitslosen durften weiter peinlich genau darauf achten, dass sie mit den Antragsfristen für die Bewilligung ihres „Arbeitslosengeldzwei" nicht aus dem Rhythmus kamen. Das wohlige Gefühl, endlich wieder gebraucht zu werden, durfte sie nicht darüber hinwegtäuschen, nach wie vor Sozialhilfeempfänger zu sein. Aber noch während ich im Landesarchiv über den Bauakten von Grundstücken in Charlottenburg-Wilmersdorf brütete, bekam Frau Muschler im Amt einen heißen Tipp.

Dreiecksbeziehung mit Vertrag

Auch das fünfte Jahr im Paralleluniversum neben dem „ersten Arbeitsmarkt" glich einer „Odyssee im Weltraum". Der Weltraum ist bekanntlich weitgehend leer, ein Vakuum. Da stellte mir Frau Muschler in Aussicht, für ganze zwei Jahre im sicheren Hafen eines echten Arbeitsumfeldes mit echten Aufgaben und echten Kollegen andocken zu können. Dieser „Hafen" sollte die Verwaltung der Volkshochschule Charlottenburg-Wilmersdorf sein. Dort suchte die Leiterin für den Bereich Kultur, Gestalten und Gesundheit einen Mitarbeiter, der sich vor keiner Aufgabe scheute, die in der VHS so aufkommen konnte. Das Vorstellungsgespräch führte Frau Klingenthal, die Leiterin persönlich, assistiert von einer Kollegin, die sich später als MAE-Kraft entpuppte. Eine Arbeitslose griff also bereits der VHS-Verwaltung tatkräftig unter die Arme für die Mehraufwandentschädigung von 1,50 Euro pro Stunde. Ihre Zeit aber war bald um. Mich dagegen erwartete die Ehre eines echten Vertrages. Den sollte ich nach erfolgreichem Gespräch allerdings bei einer ganz eigenen Organisation machen, die ganz woanders saß, weit weg vom Bezirksamt. Von ihr wurde ich auch ganz anders bezahlt als meine neuen Kollegen vom öffentlichen Dienst. Die Organisation hieß *Trigonos* und speiste sich aus Sozialgeldern. Aber wen interessiert das schon, wenn ein normales Arbeitsleben lockt. Auch das Bezirksamt samt seiner Volkshochschule wurde schließlich aus Steuergeldern bezahlt. Nur, wer erst einmal um dieses seltsame Beschäftigungskonstrukt wusste, konnte den Firmennamen „*Trigonos*" auch als Symbol lesen für eine Dreiecksbeziehung – zwischen dem Sozialstaat, dem Bezirksamt und mir.

Dank des Zuspruchs von Frau Klingenthal nahm ich schließlich die verantwortungsvolle Tätigkeit auf, buchte wunschgemäß Kurse für die Kunden und druckte Werbeflyer für dünn besiedelte Kurse, um sie vor dem Ausfall zu retten. Und ich wischte die Tafeln in den Seminarräumen sauber, manchmal auch ganz flexibel und spontan, wenn ein Dozent mal wieder die Tafelstifte mit den Griffeln fürs Flip-Chart-Papier verwechselt hatte. Hin und wieder blieb ich bei meiner Säuberungstour durch die Räume eine Weile vor der Tafel stehen und hielt Kurzvorträge über Spiralgalaxien, Wurmlöcher, Neutronensterne und Super-Nova-Explosionen. Oder über den Sinn des Lebens auf Grundlage der Philosophien von großen Denkern wie Immanuel Kant, Friedrich Nietzsche und Heinz Ehrhardt. Einmal erschrak ich, als plötzlich Frau Klingenthal in der Tür stand.

Aber sie wollte nur nachsehen, ob ich noch lebe. Ich war schon auffallend lange im Büro nicht mehr ans Telefon gegangen.

An die Grenzen meiner Schaffenskraft stieß ich, als auf einmal eine Kundin vor mir stand und keinen Kurs buchen, sondern abbestellen wollte. Wie ich es auch drehte und wendete, ich kam einfach nicht heran an die dafür nötige Funktion im PC. Selbst die Kollegin an meiner Seite wunderte sich, warum ein ganz großer Teil der Datenbank bei mir gar nicht funktionierte. Im Laufe der Zeit wurden es immer mehr Arbeitsgänge, die ich an sie weitergeben musste. Ich konnte nicht einmal im Internet nachsehen, ob eine Adresse noch aktuell war. Es stellte sich heraus, dass ich vom Bezirksamt nur ein Praktikantenkennwort zum Einloggen erhalten hatte. Damit ging im Grunde gar nichts, außer VHS-Kurse und Kundendaten aufzurufen. Den Praktikanten wurde wohl nichts Gescheiteres zugetraut, als stundenlang mit Freunden zu chatten, Spielfilme zu gucken und Ballerspiele herunterzuladen. Und VHS-Kunden aus Kursen wieder rauszuwerfen, einfach so. Das wäre dann die Ballerspiel-Version für den Verwaltungs-Parcours. Womit hatte ich bloß so viel Misstrauen verdient, der ich doch gar kein Praktikant war, sondern wenigstens für zwei Jahre ihr Kollege? Das Geheimnis lüftete sich, als ich die erste und einzige Beschwerde bekam. Eine Kundin am Telefon fühlte sich von mir falsch beraten und ungerecht behandelt. Als Frau Klingenthal ihren Namen hörte, lächelte sie plötzlich wissend. Die Dame hatte in der VHS wohl schon einen bleibenden Eindruck hinterlassen. Frau Klingenthal vertraute mir an, die kundenfreundliche Stellungnahme für die Dame selber zu schreiben. Der Vorgang sprach sich allerdings bald bis zur Bezirksleitung der VHS herum. Dort saß nach dem etwas unharmonischen Abgang des früheren Bosses eine gewisse Frau Knappe, die es irgendwie geschafft hatte, den Posten ohne ein Studium oder sonst eine Qualifikation zur Führungskraft zu besetzen. Dafür besaß sie Durchsetzungswillen nicht zu knapp und schickte sich an, in der Volkshochschule hart durchzugreifen. Eines Tages hatte auch ich sie am Telefon wegen der kundenfreundlichen Stellungnahme, die wohl doch nicht die erhoffte Zufriedenheit herstellen konnte. Frau Knappe: „Was erlauben Sie sich eigentlich?!" „Wieso? Ist der Brief nicht schön geworden?" „Dass Sie das überhaupt gemacht haben...!" „Was denn, den Dienstauftrag erfüllen?" „Dazu sind Siiiie überhaupt nicht befugt. Wagen Sie sich nicht noch einmal, ein Papier mit dem Kopfbogen der VHS zu unterschreiben! Dazu haben Sie überhaupt keine Berechtigung!" „Äääh...?" „Wenn so etwas nochmal vorkommt, schicke ich Sie zurück zu ihrem Träger!" Zu *Trigonos*, dem Arbeitslosenarbeitgeber? Was hatte der denn damit zu tun? Ach so, jetzt begriff ich die Rolle. Ich sollte schon möglichst alles machen, aber dabei möglichst unsichtbar bleiben. Die Öffentlichkeit könnte ja sonst merken, welche Zombies unter den Arbeitskräften im öffentlichen Dienst unterwegs sind. Auch Frau Klingenthal war nun erst voll ins Bewusstsein getreten, dass sie nur einen vollbeschäftigten Arbeitslosen im Büro sitzen hatte.

Immerhin bot mir die Volkshochschule einige andere, schöne Möglichkeiten, mich weiterzuentwickeln. Und als wollte sie mich über all das Ungemach hinwegtrösten, spendierte mir Frau Klingenthal hin und wieder einen Kurs aus ihrer Privatschatulle. Der Kurs für chinesische Kalligraphie mit einem echten buddhistischen Mönch entspannte mich ungemein. In einem Wochenendseminar lernte ich, wie man ganze Bücher professionell mit einem speziellen Computerprogramm designed, das zu erwerben mir dann aber doch zu teuer war. Und ich konnte es nicht lassen, mein Spanisch weiter aufzupolieren. In einem Nähkurs bastelte ich an der Maschine zunächst ein paar Einkaufstaschen für mich und meine Mutter, in die genau sechs Bierflaschen hineinpassten. Das funktionierte so gut, dass ich mich an immer größere Sachen heranwagte. Schließlich nähte ich sogar ein Sakko, so richtig standesgemäß für Vorstellungsgespräche. Allerdings reiste ich hernach weder mit dem Sakko nach Monaco noch sonst wohin, egal ob ich mich einmal oder zehnmal oder vierzig Mal im Monat bewarb. Trotzdem war die Edeljacke nicht für die Katz. Jetzt trage ich sie, wenn ich mal wieder gut ausgehen will, ins Kino oder vielleicht auf eine Vernissage – ganz inkognito.

Mister Doolittle

Je mehr ich mich in Berlin heimisch fühlte, um so mehr nervte mich diese eine Frage: „Wo kommen Sie denn eigentlich her?", oder eine Variation über das Thema: „Von wo aus Sachsen kommen Sie eigentlich?" Damit war der Umkreis, in dem sich meine Antwort noch bewegen durfte, schon ziemlich eingegrenzt. In der Regel parierte ich mit einem kraftvollen: „Ich komme aus Charlottenburg", was meist die Bemerkung, „das kann nicht sein", nach sich zog. „Waaas? Soll ich Ihnen noch meinen Meldebescheid vom Einwohneramt unter die Nase halten, damit Sie mir das glauben?!" So war für gewöhnlich das Gespräch aber auch schon zu Ende. Wenn es sich dann doch noch ein paar Runden weiter drehte, landete es mit nahezu zwingender Folgerichtigkeit beim Thema unterentwickelter und überansprüchiger Osten. Daran musste sich dringend etwas ändern.

Das meinte auch Frau Klingenthal, die Leiterin des Bereiches Kultur und Gestalten und Gesundheit an der VHS Charlottenburg-Wilmersdorf. Eines Tages begann sie, mir von einem Lehrer für Sprecherziehung zu erzählen, den sie zufällig einmal bei einer Veranstaltung im eigenen Hause kennengelernt hatte. Er sei so versiert und unterhaltsam, ein wenig kauzig, aber sehr nett und vor allem effektiv in seinem Metier. Die Ansprache fand ihren Höhepunkt darin, dass Frau Klingenthal mich sogar für eine Woche freistellen wollte, um seinem nächsten Kurs in der VHS Schöneberg beiwohnen zu können. Das würde gewiss auch meine Chancen auf dem „ersten Arbeitsmarkt" erhöhen. Aha, jetzt war es raus. Der leise, sich schon über Jahre heranschleichende Eindruck stimmte doch: mit einer thüringisch verfärbten Sprache scheint es ebenso unmöglich, an einen echten Arbeitsplatz heranzukommen wie mit einer dunkelbraun verfärbten Haut.

Als ich den Klassenraum im altehrwürdigen VHS-Gebäude am Barbarossaplatz betrat, traf ich auf einen sehr korpulenten, älteren Herrn und eine sehr bunte Seminargruppe. Herr Wrobel ließ recht bald sein schauspielerisches Talent sehen, als er begann, mit leicht näselnder Stimme seine Sprachkunst zu präsentieren. Die Sprachprobleme der Teilnehmer waren breit gefächert. So saß mir schräg gegenüber ein junges, zierliches Mädel aus Polen, die lernen wollte, das R hinten im Hals auszusprechen. Die blondierte Dame auf dem Platz rechts neben mir versuchte sich bereits seit 32 Jahren, den sächsischen Dialekt abzugewöhnen. So lange wohnte sie schon in Hellersdorf, hörte sich aber immer noch an, als sei sie erst gestern aus Leipzig angereist. Die Türken in der Runde wollten weniger türkisch klingen. Und die Berliner können bekanntlich kaum zwischen Jod und Ge unterscheiden. Das Problem mit dem R wusste Herr Wrobel über einen ganz einfachen Trick zu lösen. Er nahm einen Schluck aus der Wasserflasche, lehnte sich weit zurück und begann zu gurgeln: „RRRRRRRR... Das kann jeder; und jeder, der sich das einmal bewusst gemacht hat, kann auch bald das R hinten im Hals bilden." Schweißtreibender war da schon die Arbeit am thüringischen und sächsischen Dialekt. „Lesen Sie doch mal bitte laut den ersten Satz." Vor mir hatte ich ein Blatt voller Textproben, in denen fast nur der Vokal A vorkam. „Noh däm Hoge Donnen schwonken..." „Nein, es heißt: ‚Nah dem Hage Tannen schwanken', wiederholen Sie bitte." Nach dem ersten Teilerfolg führte Herr Wrobel uns allen noch einmal den vollendeten Charakter des A-s vor. Er breitete die Arme aus, als wollte Romeo gerade die Julia von seiner unsterblichen Liebe überzeugen. Dann durchdrang den Raum ein sattes „AAAAAAAA". „Machen Sie das bitte einmal nach." Mir entfleuchte ein zwischen A und O hin- und heroszillierender Laut, der sich schließlich zum A hin stabilisierte. „Und nun alle, machen Sie doch bitte mal alle ein schönes, befreiendes A. Das weitet den Hals ungemein." Als aus zwölf Kehlen das A erscholl, was müssen da wohl die Besucher der Volkshochschule gedacht haben, die gerade an der Tür zu unserem Seminarraum vorbeigingen? Eine ganze Woche lang feilten wir also an unseren Konsonanten und Vokalen, mal mit, mal ohne Kassettenaufnahme. Als ich meine Eindrücke von Granada ins Mikrophon flötete, bogen sich alle vor Lachen, und ich war mir nicht sicher, ob das allein dem Inhalt geschuldet war. Die unbestechliche Aufnahme verriet jedenfalls noch einige deutliche Restbestände des ungeliebten Dialekts: „Granodo in Andalüsien..."

Wieder zurück im Dienst, bimmelte eines Morgens das Telefon. Ich hob ab: „Volkshochschule Charlottenburg-Wilmersdorf, Rosenberger, guten Tag!" Frau Klingenthal war in der Leitung, um für heute ihr späteres Erscheinen zu signalisieren. Dann meinte sie, dass sie jetzt schon eine deutliche Verbesserung der Aussprache verspüre. „Wenn man Sie am Telefon hört, ist bald gar nichts mehr zu merken." Und so sollte es auch bleiben. Inzwischen ist schon deshalb nichts mehr zu merken, weil man mich dort am Telefon gar nicht mehr hört. Denn auch der Vertrag mit dem Arbeitslosenarbeitgeber *Trigonos* ist längst abgelaufen, und das Leben lief wieder nach den strikten Regeln der Sozialbehörde. Schon nach einem Jahr an der VHS hatte sich abgezeichnet, dass es gar keine Übernahmemöglichkeit gab. „Aber warum richtet man dann solche Beschäftigungsverhältnisse überhaupt ein, wenn man auf den berühmten Klebeeffekt eh nicht hoffen kann, weil noch in den nächsten zwanzig Jahren keiner neu in den öffentlichen

Dienst gelassen wird?", hatte ich noch Frau Klingenthal gefragt. Sie: „Na, das kann man im Voraus alles nie so genau wissen, das ist immerhin eine Chance." „Ach so, wieder nur eine Chance."

Vor kurzem begann ich wieder, in einem Chor mitzusingen. Diesmal schloss ich mich dem Kirchenchor der Gethsemane-Gemeinde an. Wir studierten fleißig für Weihnachten den *Messias* von Händel ein. Ein paar Wochen lang übte ich schon mit, da fragte mich doch plötzlich ein Kollege von den Tenören nach der Probe beim Bier: „Wo kommen Sie denn eigentlich her?"

Erkenne dich selbst 3

Zwei Jahre bei der Volkshochschule – das war doch schon mehr als ein Intermezzo. So sorgte ich rechtzeitig vor, um danach nicht gleich in das Gravitationsfeld eines Schwarzen Loches zu geraten. Da ich gar zu gerne selbst über meine neuesten Philosophie-Experimente sprach und mein Präsentationsangebot etwas modernisieren wollte, suchte ich nach einem Training für Trainer und fand es an einer angesehenen Bildungsakademie in Wilmersdorf. Ich machte mich auf den Weg zum *Jobcenter*, um das Vorhaben zu erklären. Ich musste ja für diese Zeit erst einmal freikommen vom gezielten Drängeln auf den „ersten Arbeitsmarkt". Unterwegs legte ich in Gedanken schon meine Ersparnisse zusammen; am Geld sollte es nicht scheitern. Wider Erwarten war Frau Muschler sehr schnell sehr angetan vom Programm der *Berufsbildungsakademie* – BBA. Ohne Zögern zog sie die Spendierhosen des Amtes an. Irgendwie klang BBA erstmal fast wie TBA. Doch der Unterschied zwischen beiden Instituten sollte sich als mindestens so groß erweisen wie die Entfernung zwischen Wilmersdorf und Treptow. Bei der BBA legte man Wert auf solide Arbeit bei prima Klima, hatten sich doch zum Großteil Leute dort angemeldet, die den Trainer-Kurs unbedingt besuchen wollten und dafür auch selbst bezahlten. Wieder waren zwei Dozenten am Werk, aber dieses Mal nicht zugleich. Mit weiblicher und männlicher Energie wechselten sie über die Wochen einander ab und gingen zugleich thematisch fest Hand in Hand. Ich erfuhr viel Spannendes über den lernenden Menschen und übte mich darin, auf der Klaviatur aller möglichen Medien zu spielen: dem Flip-Chart, der klassischen Schultafel, der Pinnwand, dem Over-Head-Projektor; und besonders begeistert war ich von der Power-Point-Präsentation. Eigentlich aber taten es auch ein Notizzettel in der Hand und die eigene Präsenz. Etwas Unterhaltsames hinzaubern kann man mit viel Brimborium oder ganz schlicht, wenn man nur weiß, wie es geht. Man kann im Grunde auch über alles reden, nur nicht über 20 Minuten. Spätestens dann sollte man sich medial wieder etwas Neues einfallen lassen, damit die Aufmerksamkeit des Publikums nicht auf Tauchgang geht.

Beide Trainer hatten allerdings auch schon ihre Erfahrungen gemacht mit etwas weniger motivierter Klientel. Frau Armant, die weibliche Energie im Dozenten-Duo, kommentierte das einmal so: „Arbeitslosen irgendwelche Kurse aufzudrücken, nur weil es da angeblich einen Markt gibt, ist einfach nur gruselig." Sie hatte mal eine Riege von Arbeitslosen vor sich, die alles wollten, nur nicht mit ihr zusammenarbeiten. Sie blieb ihrer Linie treu und stieg wie immer ins Programm mit dem so genannten Erwartungsbaum ein. Das ist eine, die ganze Pinnwand füllende, baumförmige Graphik, auf der alle zusammen darstellen, was sie sich vorstellen, in den kommenden Stunden und Tagen zu erfahren. Der sich anbahnenden Lethargie half Frau Armant so auf die Sprünge: „Na wenn die einzige Erwartung darin besteht, überhaupt da zu sein, dann können wir ja die Anwesenheitsliste ausfüllen, uns dann hinsetzen und warten." Das hielt erwartungsgemäß keiner lange aus. Ganz ähnlich reagierte ihr Kollege, Herr Krebs, in einer Schulung mit arbeitslosen Jugendlichen, nachdem er von ihnen einen Tag lang komplett sabotiert worden war: „Kein Bock? Na gut. Macht, was ihr wollt; und ich mache, was ich will. Ich habe immer genug zu tun." Sprach 's und vertiefte sich in seine Papiere. Die erste Frage ließ nicht lange auf sich warten: „Dürfen wir rausgehen?" „Nö." Keine zwanzig Minuten später gab es die ersten Annäherungsversuche: „Was hätten Sie denn machen wollen?" „Ich hatte euch gefragt, was ihr machen wolltet…, aber na gut, ich mach dann mal ein paar Vorschläge..." Dann konnte es losgehen. Wie vieles im Leben hat allerdings auch diese Medaille ihre Kehrseite. Die Koryphäen der Kommunikation wissen schließlich seit geraumer Zeit auch, dass wir alle nur 10% von dem behalten, was wir lesen, nur 20% von dem, was wir hören, aber 90% von dem, was wir selber tun. Wenn das stimmt und in unzähligen Arbeitslosenbeschulungen vor allem auf Halde studiert, fabuliert und simuliert wird – wen sollte es da noch wundern, dass sich eine steigende Anzahl solcher Veranstaltungen im Laufe eines Lebens umgekehrt proportional zum Motivationspegel der Person verhält, der das alles geschieht?

Zum Standardprogramm eines jeden guten Kommunikationsseminars gehört es heute auch, sich methodisch darauf einzustellen, auf wie vielen Ebenen die Menschen ihre Botschaften aussenden und aufnehmen. Um das zu veranschaulichen, nutzte auch Frau Armant das inzwischen berühmte Symbol der vier Ohren. Und will der Berufsunterhalter auf der Höhe der Zeit sein, sollte er inzwischen auch wissen: „Wenn etwas nicht verstanden wird, dann liegt es immer am Sender." Überhaupt hatte ich selten zuvor so oft von „Adressatenorientierung" und „Wertschätzung" gehört wie im Trainer-Kurs der BBA. Aber Moment mal, war es tatsächlich so selten oder vielleicht nur so lange her? Tatsächlich war mir das von Armant & Krebs vermittelte Trainer-Ethos gar nicht so neu. Da brauche ich zum Beispiel nur an Doktor Begrich zu denken, meinen verehrten Lehrer für Hebräisch und Altes Testament, der in seine Studenten unverwechselbar humorig die Liebe zur Schrift und zum Leben einzupflanzen verstand. Immer freitags, zur Einstimmung aufs Wochenende erzählte er uns jiddische Geschichten mit viel Lebenserfahrung und Weisheit. Und er gab uns Tipps wie diesen zum Thema „aller Anfang ist schwer" mit auf den Weg: „Wenn Sie mit der Sprache nicht klarkommen und beim Übersetzen verzweifeln, dann schmeißen Sie ruhig mal das Wörterbuch im hohen Bogen in die Ecke, aber bitte nicht die Bibel." Auch Herr Güpner, zuständig für eine andere altehrwürdige Sprache, versorgte mich und meine Kommilitonen überaus unterhaltsam mit allem, was wir brauchten, um mit dem Latein nicht so schnell am Ende zu sein. Schließlich konnten wir selbst *Rotkäppchen und der Wolf* auf lateinisch lesen und es zumindest im Wortgefecht mit jeder römischen Legion aufnehmen. Und wenn sich Herr Güpner laut Gedanken über den Lauf der Menschheitsgeschichte machte, flossen diese gern in Erfahrungskonzentrate ein wie dieses: „Wie viel Unheil ist doch in der Welt schon angerichtet worden durch Menschen, die es gut meinen." Je länger ich nachdachte, um so länger wurde die Liste der Lehrer, Professoren und Trainer mit Ethos, denen ich bereits begegnet bin. Nur, immer länger wurde leider auch die Zeit, die seitdem vergangen ist.

Aber, wie war das mit den vier Ohren? Die grandiose Idee des Psychologen, Friedemann Schulz von Thun, musste sich doch auch auf schriftliche Mitteilungen anwenden lassen – dachte ich mir und nahm mir einmal einen Brief vor, den ich zu Beginn meiner Mitarbeit an der Volkshochschule von der Leistungsstelle des *Jobcenters* bekommen hatte. In der Übergangszeit zwischen Abhängigkeit vom Amt und Arbeit für Lohn war mir etwas „Arbeitslosengeldzwei" zu viel gezahlt worden. Dieses Geld parkte noch immer auf meinem Konto. Vier Monate nachdem ich die Leistungsabteilung selbst davon informiert und gebeten hatte, mir eine Möglichkeit zu nennen, das Geld zurückzugeben, flatterte mir die Post ins Haus: „Sie haben unrechtmäßig 281,34 Euro erhalten." Dann ging es schnurstracks weiter mit der Aufforderung, den Betrag bis zur unten angegebenen Frist zurückzuzahlen, gefolgt von der Rechtsbelehrung, dass bei Überschreiten dieser Frist entsprechende Mahngebühren zu erwarten waren. Ich horchte mit meinen vier Ohren in den Brief hinein und las ihn mit meinen vier Augen, um die Botschaft auf allen vier Ebenen zu entschlüsseln. Auf der Sachebene erzählte mir das Schreiben: „Sie haben einen Betrag von 281,34 Euro zu viel bekommen. Das Geld muss bis zur angegebenen Frist zurückgezahlt werden." Auf der Appell-Ebene sagte mir der Sender: „Ich möchte von Dir mein Geld zurück." Dann gibt es noch die Ebene der Selbstoffenbarung; die las ich so: „Ich habe die Macht. Ich kann Dir das Geld auch mit Hilfe des Gerichtsvollziehers wieder wegnehmen. Dieses Geld und noch viel mehr, je nach dem, wie viele

Mahngebühren Du auflaufen lässt." Und auf der Beziehungsebene schien der Brief mir sagen zu wollen: „Du warst die ganze Zeit abhängig von mir, weil Du nichts hattest. Und wer nichts hat, dem kann man nicht trauen. Du bist überhaupt ein Gauner! Alle, die nichts haben, sind potentielle Kriminelle." Ich staunte nur, was die Kommunikationsexperten so alles zu Tage fördern und wie wenig ich bisher über mein eigenes vielschichtiges Wesen Bescheid wusste.

Weitere, bislang unerkannte Seiten entdeckte ich an mir, als ich bei der *Berufsbildungsakademie* erneut den DISG-Test machte – mit verfeinerter Methode. Man kann ihn nämlich selber machen und von jemand anderem anfertigen lassen. Wenn sich die Kursteilnehmer gegenseitig testeten, konnte auch zur Sprache kommen, wie man seinem Gegenüber nach außen hin erscheint. Als ich das Ganze wieder selbst durchspielte, war ich plötzlich alles von allem: stetig, gewissenhaft, innovativ und dominant. Allein die Dominanz hatte inzwischen etwas Federn gelassen. Wofür war so ein Profil wohl gut? Herr Krebs: „Das ist ja der perfekte Wissenschaftler. Sie haben Stehvermögen, Controlling-Qualitäten, Sie können wunderbar Konzepte und Strategien entwerfen und diese auch noch umsetzen. Das ist doch toll!" Na Klasse. Und warum war ich dann immer noch keiner? Dann schob er nach: „Nur eine Leitungsfunktion an vorderster Front liegt Ihnen wahrscheinlich nicht so sehr." Als eine Kommilitonin die Prozedur aus ihrer Perspektive wiederholte, brach die Kulisse des im TBA noch detektierten unterhaltsamen Alpha-Tiers vollends zusammen. Es blieb fast nur noch eine mit Stetigkeit unterfütterte Gewissenhaftigkeit übrig. Demnach müsste ich mich für die Wissenschaft lustvoll durch sämtliche Archive und Bibliotheken der Welt wühlen können. Nur das, was dringend nötig wäre für eine Verbesserung der Auftragslage, fehlte jetzt völlig: ein wenig Durchsetzungsvermögen.

„Die Welt ist ein Irrenhaus, und hier ist die Zentrale"

Darum saß ich alsbald wieder in Frau Muschlers Büro. Und sie hatte eine Beschäftigungsmöglichkeit parat, die für einen Wissenschaftler besonders interessant zu sein schien. Sie schickte mich in die Lindenstraße, um mich dort einmal vorzustellen unter dem Vorbehalt, auch nein sagen zu können. Der Träger hörte diesmal auf den phantastischen Namen *Ikarus gGmbH* und betrieb gleich drei abenteuerliche Projekte nebeneinander. In einem davon sollten künstlerische, wissenschaftliche und soziale Synergien zusammengeführt werden. Vor Ort traf ich den Koordinator, Herrn Hauke, in einem ziemlich abgewohnten Büro ganz allein an. Das Gespräch unter dem Vorbehalt, auch nein sagen zu können, verstand er als „Zuweisung", zückte die Anmeldeformulare und steckte auch den Lebenslauf gleich ein. Ich ließ es geschehen, weil wieder die Mehraufwandsentschädigung von 1,50 Euro pro Stunde lockte und ich die restlichen Leute noch nicht gesehen hatte. Ich vergaß auch völlig, mir die Räume zeigen zu lassen. So bemerkte ich erst einmal nicht, dass sich die 35 Mitarbeiter seiner Projekte würden in vier Zimmern 17 Arbeitsplätze teilen müssen. Es durften also nie im Leben alle gleichzeitig dort am Werk sein wollen. Herr Hauke erzählte gern und viel. Nur, als ich mit seiner Zusage in der Tasche wieder auf der Straße stand, wusste ich noch immer nicht, was sie dort eigentlich vorhatten.

Als ich die Kollegen nach und nach kennenlernte, fragte ich mich außerdem, wie eine solche Zusammensetzung von Lebensgeschichten das Zusammenwirken von künstlerischer, wissenschaftlicher und sozialer Expertise bewerkstelligen sollte. Ich war natürlich als Wissenschaftler eingetaktet. Und als Verstärkung standen mir zur Seite: Ein DJ, der einst seine Platten bei *Big Eden* auflegte und sich Joe nannte. Seinen wirklichen Namen, Hugo Hirtreiter, hätte sich in der Szene keiner merken können. Noch heute konnte er genau sagen, welcher Song auf welche Droge am besten wirkte. Jim Morrisons *This Is the End* soll zum Beispiel besonders gut mit Gras harmonieren. Eine der wenigen Frauen im Team war Gabriele aus der Zunft der Steinmetze. Sie hatte aber schon seit Jahrzehnten nicht mehr gehämmert und gemeißelt. Maximilian, ein bärtiger Mann mit abgebrochenem Informatikstudium meinte, dass er mit seinen Webdesigner-Qualitäten eine Menge Kohle verdienen könnte, wenn er nur wollte. Und dass er die Institution der MAE für so dankenswert hielt, dass er noch Geld mitbringen würde, um an einer solchen teilnehmen zu können. Wahrscheinlicher ist wohl, dass er die 1,50 Euro pro Stunde vom *Ikarus* dankend annahm. Kevin wiederum lebte jahrelang auf der Straße und stellte sich als Feinmechaniker vor. Als solcher war er aber nie wirksam, weil er den Beruf hasste wie die Pest. Auf meine Frage, warum er ihn dann überhaupt gelernt hatte, konnte er mir keine verwertbare Antwort geben. Kevin wurde von Herrn Hauke, der sich von nun an einfach und kumpelhaft Hauke nennen ließ, zum Büromanager der Projektgruppe ernannt. Damit war er für den gesamten Informationsfluss im Team zuständig. Nur war mir bald klar, wenn ich tatsächlich etwas von ihm wissen wollte, wie die Antwort aussehen würde: „Wees isch nisch." So ließ ich die Fragen sein. Meist sah ich ihn eh schon vornüber gebeugt auf dem Tisch liegen, ehe ich ihm eine stellen konnte. Neben dem schmächtigen Kevin baute sich um so größer und breiter der Fliesenleger Bert auf. Berts künstlerische Innovationskraft äußerte sich meist darin, dass er hoch konzentriert mit dem Kopfhörer auf seinem massigen Schädel vor dem Monitor saß, um sich Trickfilme, Krimis und die neuesten Hollywood-Blockbuster im Internet angedeihen zu lassen. Ahmed, ein stiller, kleiner Mann mit wehenden, grauen Haaren blieb von mir lange fast völlig unbemerkt. Bis ich mit ihm ins Gespräch kam und erfuhr, er sei Journalist und setze sich sehr für Dissidenten in seiner iranischen Heimat ein. Dementsprechend verbrachte er seine Zeit vor allem damit, bergeweise Papier mit Texten in persischer Schrift zu füllen. Dann gab es da noch Herrn von Hoffmannsthal, einen echten, abgeschlossenen Germanisten. Das heißt, er hatte sein Studium ebenso abgeschlossen wie mit seiner wissenschaftlichen Laufbahn. Seine hohe Herkunft wusste er gut zu tarnen. Unrasiert, mit Lederjacke und einer satten Fahne am Morgen war er nicht einmal als verarmter Adel zu erkennen. Die Nähe von Frau Minkowski mied ich lieber völlig. Sie hatte fast zwanzig Jahre in den USA gelebt, kam dort aber auf Dauer mit ihren Drehbüchern auf keinen grünen Zweig. Als sie merkte, dass sie auch nicht ein Leben lang Au-pair-Mädchen spielen kann, kehrte sie nach Deutschland zurück. Mich hielt sie für einen Revoluzzer und Zersetzer, weil ich zu Polizisten „Bulle" sagte und an dem Sozialsystem ständig etwas auszusetzen hatte. „So ein Träger bekommt an die 800 Euro pro Monat für einen einzelnen Arbeitslosen. Das wenigste davon bekommt der Arbeitslose selbst zu sehen mit seinen 160 bis 180 Piepen ,Salär' und dem Freeware-Arbeitsmaterial. Die PCs sind doch bloß mit Programmen bespielt, die sich jeder für Umme aus dem Internet herunterladen kann. Er lebt also im Grunde dafür, dass die Arbeitslosenindustrie von ihm lebt." Frau Minkowski: „Schämen Sie sich was! Man beißt nicht in die Hand, die einen füttert!" Ja, Frau Minkowski, das Problem ist nur, dass ich gar nicht gefüttert werden will.

Die ersten vier Wochen der Projektlaufzeit waren dafür vorgesehen, die noch immer offene Frage zu klären, was denn eigentlich erarbeitet werden soll. Jeder wurde dazu angehalten, sich über ausgiebiges Surfen im Internet ein Bild seiner möglichen Interessen zu machen. Die aus diesen Recherchen sprudelnden Ideen wurden dann in wöchentlichen Gruppensitzungen ausgewertet. Bald aber kam in den Besprechungen ein seltsames Dauerthema hinzu: Was hat der „Entwender" wieder mitgehen lassen? Wochenlang verschwand zusehends alles aus den Räumen, was klein genug war, um es ohne großes Aufsehen abtransportieren zu können: Kaffee, Stifte, Klopapier, das Klappbrot aus der Büchse und natürlich Geld. Eines Tages war auch der frisch gekaufte Zucker aus der Gemeinschaftsküche weg, die ganze ein Kilogramm schwere Tüte. Die hatte wohl der „Entwender" mit einer Lieferung Koks verwechselt. Woche für Woche wurde nun aufgerechnet, was wieder alles geklaut worden war, statt einmal zu versuchen, den Dieb zu erwischen. Von nun an nahm ich meine Tasche selbst mit aufs Klo, während ich mich mit meiner soliden Berufserfahrung wieder auf die Stadtgeschichte von Charlottenburg stürzte. Ich hatte im Sinn, ein paar historische Touren zu kreieren, auf denen man den Bezirk zu Fuß erkunden kann. Frau Minkowski interessierte sich eher für die gruseligen Seiten dieses Gebiets und hatte es auf Spukgeschichten abgesehen. Geheimnisvoll wispernd erwähnte sie in nahezu jeder Teamsitzung eine „weißen Frau". Die sei immer wieder im Charlottenburger Schloss aufgetaucht und habe die Leute erschreckt. Mir ist das bei meinen Schlossbesuchen nie passiert, aber mir fehlte es ja schon immer an der nötigen Phantasie. Am Ende des Projektes musste sie Hauke gestehen, dass sie noch zwei, drei Jahre brauchen würde, um die Recherchen abzuschließen und mit fertigen Texten aufzuwarten. Vielleicht hatte ja eine Erscheinung der „weißen Frau" sie so gelähmt, dass sie ihren Forscherdrang nicht mehr an den neunmonatigen Arbeitslosenmaßnahme-Rhythmus anpassen konnte. Der DJ, der Adlige und der Iraner wiederum machten sich auf in die Stadt, um Obdachlose beim Betteln auf dem Ku'damm zu filmen. Und Gabriele baute aus Holz und Plastikflaschen ein Gerät in der Form eines Baumes, durch das der Wind bei entsprechender Stärke hörbar pfeifen konnte.

Echt abgehoben

Mit entsprechender Stärke blies der Wind auf dem Tempelhofer Feld, wo sich die zweite Projektgruppe tummelte. Dort hoben inzwischen schon lange keine Flieger mehr ab, auch keine Rosinenbomber. Dafür konnten jetzt die Arbeitslosen voll durchstarten, um die Betonwüste zu kultivieren. Der stillgelegte Flughafen war vorübergehend als Austragungsort der nächsten Bundesgartenschau im Gespräch. Die Arbeitslosen durften sich dort sozusagen als Zwischennutzer einnisten. Aus der BUGA wurde nichts, und von der Kultivierung war auch nicht viel zu sehen, als sich die neun Monate dem Ende zuneigten. Ich konnte jedenfalls bei meinem Besuch von dem Biotop auf dem riesigen Gelände noch aus zwanzig Metern Entfernung kaum etwas sehen. Der über Jahrzehnte mit Kerosin imprägnierte Boden durfte ohnehin nicht angetastet werden. Man hätte ein Projekt eröffnen sollen mit dem Namen „die hängenden Gärten des Ikarus". Der *Ikarus* hatte aber nun einmal nicht annähernd so viele Mittel zur Verfügung wie die Landschaftsgestalter der Semiramis im alten Babylon. Deshalb mussten es ein paar selbst gezimmerte Holzverhaue tun. Darin fand ich bei brütender Hitze ein paar traurige Blumen und Kräuter vor, die sichtlich noch durstiger waren als ich. Auf ein kühles Bier durfte ich hier nicht hoffen, obwohl die Zusammenkunft als Feier deklariert war. Obwohl? Auch ein Kindergeburtstag ist eine Feier. Beim Näherkommen entdeckte ich Gabrieles Flaschenbaum und noch ein paar weitere Gegenstände: eine kegelförmig sich nach unten verbreiternde Spirale aus Metall sowie ein Holzgestell, aus dem diverse, undefinierbare Formen wuchsen. Eine Funktion ließen die Aufbauten nicht erkennen, also musste es Kunst sein. Zur Feier des Tages war auch ein Kulturprogramm anberaumt. Ich fummelte erstmal eine halbe Stunde lang mit dem Sänger an der Dekoration herum. Der Bühnenvorhang wollte an dem Bretterverschlag einfach nirgendwo Halt finden. Da war die Improvisationsgabe eines ehemaligen DDR-Bürgers gefragt, ehe der Mann seine Sangeskunst entfalten konnte. Er sah übrigens aus wie Bob Marley und hörte sich an wie Bob Marley.

So funkten die Synergien sogar zwischen den Mitgliedern der verschiedenen Projektgruppen. Ich wollte auch mehr über die Aktivitäten des dritten Teams in Erfahrung bringen. Denn es gab schließlich noch eine Truppe von aus der Umlaufbahn geschossenen Journalisten und solchen, die immer welche werden wollten. Die arbeiteten tatsächlich an einem eigenen Radioprogramm, das alle zwei Wochen für eine Stunde Sendezeit reichte – na ja, einschließlich einer halben Stunde Musik von Bands aus der Stadt, die sich über die unverhoffte Publicity freuten. Inhaltlich drehte sich das Programm um soziale Projekte, besetzte Häuser, wie es Obdachlosen geht oder um irgendwelche kulturellen Ereignisse passend zur Saison, zum Beispiel Fasching. Manche der Gestalten, die in den Räumen von *Ikarus* ein- und ausgingen, sahen auch ohne Karnevalsverkleidung abenteuerlich aus. Ein unrasierter, dickleibiger Mann saß fast immer mit zwei Brillen übereinander auf der Nase am Computer. Meist versuchte er, dem PC über die gerade frisch vom Nachbarn gelernten Befehle die gewünschte Wirkung zu entlocken. Wenn ich in der Nähe war, half ich der Wirkung immer mal auf die Sprünge. Und einer von den Begrünern des Tempelhofer Feldes pflegte einen Anzug zu tragen, der wirkte, als hätte er damit schon eine komplette Schicht in der Autowerkstatt geschoben. Mal abgesehen davon, dass die professionellen Mechaniker in der Regel bei der Arbeit kein Sakko an haben. Auch fürs Ohr war das Arbeitsklima in den heiligen Hallen des *Ikarus* mitunter gewöhnungsbedürftig. Da hätte ich keine Flüstertüte mit Aufnahmegerät reinhalten wollen. Der eine suchte seine widerspenstige Freundin zu zähmen, indem er ihr am Telefon allwöchentlich in Aussicht stellte, sie und den Nebenbuhler und die Mutter zu „ficken". Ein anderer bekam ebenso regelmäßig von den Kollegen zu hören: „Wasch dich endlich mal wieder, du stinkst!" Nachdem ich mit der Klasse im TBA bereits die Reise zurück in die Grundschulzeit angetreten hatte, schien ich nun mit dieser Belegschaft die Regression bis ins Kleinkindalter zu vollenden. Der Religionsstifter Jesus hat einmal gesagt: „Wenn ihr nicht werdet wie die Kinder, könnt ihr nicht ins Himmelreich kommen." So hat der Meister aus Nazareth das aber bestimmt nicht gemeint. Er dachte wohl eher an ein im besten Sinne unbefangenes und unverfälschtes Wesen. Ich spürte, wie meine Unbefangenheit langsam Risse bekam, und ich meldete mich mit Hilfe meines Arztes so oft als möglich ab. Die erhoffte Wirkung, wegen zu vieler Fehlzeiten rauszufliegen, trat allerdings nicht ein. Hauke wollte und konnte wohl auf meinen Beitrag nicht verzichten. Irgendetwas musste er ja am Ende dieses Projekts den Sponsoren vom Sozialstaat zeigen können; wenigstens eine schnuckelige Tour durch Charlottenburg, gesäumt von den ältesten Häusern des Bezirks. Um da herauszukommen, hätte ich mir schon den Hals brechen müssen...

Der Mensch lebt nicht vom Brot allein, aber eben auch

Unter den Mitarbeitern des *Ikarus* kursierten immer wieder Gerüchte, dass eine sozial mitfühlende Institution in Charlottenburg Lebensmittel für umsonst verteile. Um den Wahrheitsgehalt dieser These einmal zu prüfen, begab ich mich an einem heißen Sommertag zum Karl-August-Platz, in dessen Mitte eine dicke Kirche mit spitzem Turm thront. In der Tat hatte sie ihre Tore für Anwohner geöffnet, die bedürftig heißen, weil ihr Einkommen so dürftig ist. Als ich dort ankam, musste ich erstmal eben diese Bedürftigkeit nachweisen, indem ich den Damen hinterm Tresen meinen Beleg über das dürftige Einkommen zeigte. Dann wurde ich weiter vorgelassen und konnte eine Nummer ziehen. Nun erwartete ich, wie auf einem Amt in der entsprechenden Reihenfolge aufgerufen zu werden. Darin aber hatte ich mich geirrt. Die Nummern wurden gebraucht, um aus einer ganzen Hundertschaft jeweils die Arbeitslosen auszulosen, die sich die Lebensmittel als nächste holen durften. Die gezogenen Nummern wurden dann durch ein Mikrophon von der Seite des Raumes aus feierlich verkündet, wo sonst immer der Pfarrer auftritt. Ich war in der zweiten Hundertschaft angetreten und ahnte schon: wenn ich der 202. war, konnte ich auf die Weise gut und gerne als der 299. wieder rausgehen. So ungefähr muss es am Ende gelaufen sein, denn ich verbrachte in der Kirche nicht weniger als vier Stunden. Da ich keine Ahnung hatte, wann mein Aufruf käme, konnte ich in der Zeit nicht einmal eine Runde um den Häuserblock drehen. Der Sinn des Ganzen war wohl, in das Leben der Arbeitslosen endlich wieder ein Quäntchen Unvorhersehbarkeit hineinzulassen und für etwas Spannung zu sorgen.

Noch mehr Überraschungspotential saß mit mir zusammen auf der Kirchenbank. Neben mir hatte sich ein Mann mit grauem Haar und Schnauzbart niedergelassen. Wir begannen uns zu unterhalten und outeten uns bald gegenseitig als Philosophen. Er las kürzlich Sören Kierkegaard, *Die Krankheit zum Tode*, und war begeistert. Dann meinte der Mann, nur schade sei, dass Kierkegaard schon im 19. Jahrhundert lebte. In unserer Zeit hätte er wohl ein Buch mit dem Titel *Multiple Lose* geschrieben. Das käme der *Krankheit zum Tode* ziemlich nahe. Ich fragte nach, was er damit meinte. „Ich kenne nur Multiple Sklerose. Von Multipler Lose habe ich noch nie gehört." „Mag sein, aber erlebt haben Sie das bestimmt schon. Wie lange sind Sie denn schon arbeitslos?" „Acht Jahre." „Dann kennen Sie die Symptome dieser Krankheit bestimmt." Der Mann zog Zettel und Stift aus der Tasche und begann eine Übersicht zu zeichnen. In die

Mitte schrieb er ganz groß „Los". Ich dachte erst an Lotterie, aber dann gruppierte er einige Wörter drumherum, die sich mit dem „Los" in der Mitte zusammen lesen ließen. Einkommens-, perspektiv-, macht-, erfolg-, sinn-, aussichts-, alternativ-, wirkungs-, recht-,... Mir wurde schwindelig, als ich sah, wie sich das Blatt mit immer mehr Begriffen füllte, und war bald ziemlich rat-los. Noch während ich grübelte, was ich darauf antworten sollte, tönte aus dem Lautsprecher im Hintergrund meine Nummer. Erleichtert sprang ich auf, verabschiedete mich und stürmte zur Theke. Flugs füllte sich meine Tasche wie von selbst mit Möhrchen, Krautsalat, Tomaten, ... „Essen Sie auch Rote Beete?" „Ja." Endlich wurde ich auch mal gefragt. Ansonsten landete weitgehend kommentarlos ein Potpourri von gut abgelagertem Obst und Gemüse, abgelaufenem Jogurt sowie Brot und Brötchen von vor drei Tagen in meinem Sack, so schnell konnte ich gar nicht gucken. Als meine Augen an einem großen Glas Nutella hängenblieben, tönte es gleich von rechts: „Sie wohnen allein? Dann bekommen Sie das nicht. Das ist nur für Familien." Prima, wer allein wohnt, hat also keinen Appetit auf süßes. Ehe ich mich versah, stand ich mit meinen Tüten wieder vor der Kirche wie die Butter in der Sonne. Zu Hause sortierte ich die milden Gaben. Die Hälfte des Gemüses konnte ich wegwerfen; es war schon vertrocknet. Den Jogurt beeilte ich mich aufzuessen, bevor er ungeplante Pilzkulturen entwickelte. Auch das Brot musste schnell alle werden, ehe es zu einer Gefahr für meine Backenzahnbrücke werden konnte.

Erst im Nachhinein fiel mir auf, dass gar kein Mineralwasser oder Fleisch dabei war. Das sollten sie in der Kirche aber in Zukunft dringend da haben. In Hamburg haben sie nämlich schon angefangen, den „Hartz-Vier-Empfängern" zu empfehlen, was sie sich möglichst alles nicht kaufen sollen. Unter all dem, was im „Regelsatz" ohnehin nicht vorgesehen ist, waren wohl das Wasser aus der Flasche und das Fleisch am ehesten verzichtbar. Ohne Fleisch, dacht' ich mir, komme ich schon klar; dann nehme ich halt den Fisch. Aber, ich habe mal in der Nähe vom Nordbahnhof gewohnt. Und wenn ich da Wasser aus dem Hahn zapfte, schwammen immer ein paar schwarze Krümel auf dem Boden der Tasse. Der Hausmeister erklärte mir damals: „Das kommt aus den Bleirohren. Das ist hier nun einmal alles Altbau." Seit ich das wusste, kochte ich sogar mein Essen mit Mineralwasser. Gut, da war ich Student mit einer Lebensperspektive, die den Aufwand noch rechtfertigte. Wieder in der Lindenstraße angekommen, fragte mich Kevin, ob ich zufrieden sei mit der Lebensmittelquelle. „Ja gewiss, ich kann stolz auf mich sein. Obwohl ich sonst nicht in die Kirche gehe, habe ich nachhaltig Nächstenliebe betrieben." Schließlich hatte ich die dreifache Länge eines Gottesdienstes ausgeharrt, um den edlen Spendern das gute Gefühl zu geben, etwas für dankbare Bedürftige zu tun – wenigstens dieses eine Mal. Wahre Nächstenliebe beruht schließlich auf Gegenseitigkeit.

Danach wandte ich mich wieder meiner neuen Aufgabe zu: von Maximilian, dem Webdesigner – der, wenn er nur wollte, Geld wie Heu verdienen könnte – das Bloggen zu lernen. Das soll viel einfacher gehen, als selber mit HTML klein, klein ganze Internetseiten zu stricken. Seit ich sechs Jahre früher die Webseite für die Wuncharbeitgeber im elektronischen Menschheitsgedächtnis hinterließ, hatte ich leider völlig vergessen, wie man mit dem Computer HTML-isch spricht. Ich geriet ins Schwitzen, wenn ich nur daran dachte, dass vielleicht jemand zufällig auf das Artefakt mit seiner inzwischen historischen Patina stößt. Ich hatte auch keine Idee, wie ich das Ganze wieder aus dem Netz polken konnte, ohne die Domain mit meinem Namen ganz abschalten zu lassen. Die wollte ich in Zukunft schließlich weiter verwenden, aber nur noch für philosophische Ergüsse. Da entdeckten wir zusammen in der Navigation des Webseitenanbieters eine Funktion, die mir anbot, die Domain „zu parken". Sie warnte aber vor ihrer eignen Anwendung mit dem Hinweis: „Vorsicht, es können Daten verloren gehen". Na dann…, wild entschlossen drückte ich auf den Button, und die ganze Seite war futsch. Erleichtert atmete ich auf. Dann schwor ich mir, nie wieder mit dem Lebenslauf um mich zu werfen, in welchem Format auch immer.

Alles für umsonst oder alles für die Katz?

Damit zugleich auf das Bewerbungsmarathon überhaupt zu verzichten, engte das Spektrum möglicher Arbeitgeber automatisch auf die Beschäftigungsträger neben dem eigentlichen Arbeitsmarkt ein. Der nächste in diesem Reigen war die *Kreativzirkel gGmbH*. Sie unterhielt über das ganze Stadtgebiet verteilt einige Bücherstuben, in denen sich Bedürftige neben Büchern auch Filme und Musikaufnahmen aussuchen konnten – für umsonst natürlich. Beliefert wurden die Läden von Bewohnern der Stadt aus nah und fern mit all dem, was sie entbehren konnten bzw. loswerden wollten. Ich freute mich darauf, die Belesenen unter den Arbeitslosen mit geistiger Nahrung zu versorgen. Bald aber begann ich mich zu wundern, dass über die Zeit nur rund doppelt so viele Besucher kamen, wie der Laden selbst Angestellte hatte. Sieben Leute standen circa fünfzehn Stammkunden zu Diensten. Lohnte sich dafür der ganze Aufwand? Diese Übersichtlichkeit erleichterte es wiederum ungemein, alsbald die Vorlieben eines jeden einzelnen zu kennen. Da gab es zum Beispiel einen Mann mit dünnem, grauem Pferdeschwänzchen, der vor allem in der Esoterik-Sparte nach Mitteln und Wegen suchte, um sich des höheren Beistands zu versichern. Er war davon überzeugt, dass sich alle Probleme fast wie von selber lösen würden, wenn nur alle einander liebten. Und er glaubte fest daran, dass jeder immer die Menschen und Ereignisse anzieht, die er gerade in seinem Lebenslernprozess braucht. Selbst brauchte er wohl gerade die schon über zehn Jahre andauernde Arbeitslosigkeit, um auf seiner irdischen Pilgerfahrt voranzukommen. Der Mann war so friedlich wie seine Botschaft. Das war längst nicht bei allen Kunden der Fall, wie ich noch erfahren sollte.

Während ich einmal wieder mit dem Esoterik-Fan plauderte, sortierte ich gerade den Bücherbestand das dritte Mal im selben Monat durch. Wann immer ich damit neu anfing, sah ich die verschiedensten Titel und Themen in fröhlicher Eintracht beieinander stehen: den Liebesroman von Rosamunde Pilcher neben dem dicken Hitler-Portrait von Joachim Fest in der Geschichtsabteilung oder *Tom Sawyers Abenteuer* zwischen all den Ratgebern zu einem gescheiten Umgang mit dem Kind bei den Erziehungswissenschaften. Der Roman stand meist tatsächlich bei den Romanen. Aber wenn ein Autor wie Heinz Konsalik bei X, Y, Z zu finden ist, ist er letztlich gar nicht zu finden. Wie konnte das bloß sein? Bei dem Andrang und einer Kundschaft, die meist gar nichts ins Regal zurückstellte. Was sie freudestrahlend fanden, verstauten sie doch umgehend in ihre

Taschen. Der „Durcheinander-Teufel" konnte also kaum von draußen reinkommen. Da dämmerte mir, er saß in den eigenen Reihen. Und wahrscheinlich war es nicht nur einer. Je mehr ich über die Kollegen im Bilde war, um so mehr lichtete sich der Nebel der Unerklärlichkeit. Von der Ausbildung her hatte kaum einer zuvor mit Büchern zu tun, wenn sie überhaupt eine hatten. Nur einer kannte sich in der Welt der Romane großer Autoren wie Thomas Mann und Joseph Roth beeindruckend gut aus. Besser als ich sowieso, der ich viel lieber Physik- und Astronomie-Bücher schmökerte und einen Science-Fiction-Roman nach dem andern verschlang. Der Kollege hatte einst eine Schauspielschule besucht, wechselte dann aber von der Bühne zum Bau, warum auch immer. An seinem hohen Motivationspegel merkte ich sofort, dass dies seine erste Arbeitslosenbeschäftigung war. Wie rapide dieser Pegel dann sank, ließ erkennen, dass er schnell lernte, womit er es zu tun hatte. Die beiden Frauen ohne Abschluss haben dagegen schon ihr halbes Leben in „Maßnahmen" verbracht. Unter ihnen war wohl das größte „Durcheinander-Teufel"-Potential zu vermuten, aber nicht nur unter ihnen. Der jüngste von allen war Mitte dreißig und hatte sich einmal zum Einzelhandelskaufmann ausbilden lassen. Seine ganze Leidenschaft aber galt der Ausübung rasanter Computer-Ballerspiele, die auch Ego-Schooter heißen. Ich ließ mir von ihm seine Kampfkunst erklären. Es kam wohl darauf an, in der täuschend echten Kulisse eines meist unwegsamen Geländes, allein oder gemeinsam mit anderen Spielern an mehreren PCs, so viele wie möglich gegnerische Soldaten flachzulegen. Das Ganze erfordert offenbar eine Menge Knowhow. Inzwischen werden sogar internationale Wettbewerbe ausgetragen. Die dabei benutzten Waffen sahen mir mitunter fast so groß aus wie die Männer, die sie mit sich herumschleppten. „Wie gut, dass das alles nur am PC passiert. Sonst würden wohl einige Spielerkollegen bald umkippen, wenn sie so eine Wumme selber halten müssten", sagte ich nach dem Lehrstündchen. In Gegenzug brachte ich ihm bei, dass man Bücher weit besser wiederfinden kann, wenn man sie wenigstens bis zur zweiten Stelle im Namen alphabetisch ordnet. „Dann hat der Kunde die Chance, sogar mehrere Titel vom gleichen Schreiberling zu entdecken. Sonst findet er vielleicht von Herrn Konsalik nur ein oder kein Buch, obwohl drei da sind." „Ach ja, stimmt. Wenn eins hinter Ka, ein anderes hier in der Mitte hinter Ki steht und das letzte irgendwo da unten bei Ku..." „Ganz genau." Der Mathematiker unter den Kollegen konnte kein Unheil in den Regalen anrichten. Er war vor circa fünfzehn Jahren vom Balkon seiner Wohnung geflogen und ist seitdem in seinen Körperfunktionen sichtlich eingeschränkt. Nun saß er die meiste Zeit über auf einem Plastikstühlchen vor dem Haus, löste Sudoku-

Rätsel und paffte eine Zigarette nach der anderen. „Die meiste Zeit über" hieß tatsächlich bei jedem Wetter. Bei jedem Wetter stürzten auch die anderen nach draußen, um ihre Rauchopfer darzubringen. Bald fiel auf, dass ich der einzige war, der dieses Ritual nicht pflegte. Da ich aber ohne regelmäßige Koffeinzufuhr nicht leben kann, gesellte ich mich wenigstens mit der Kaffeetasse in der Hand dazu. Ein Laster braucht der Mensch ja doch. Und dann gab es noch eine Kollegin, die von allen wohl die größten Einbußen einstecken musste, hatte sie doch einst mit ihrem Mann ein Sportstudio geleitet und vorübergehend auch eine Boutique. Nun war der Mann weg und der Laden auch. Alleine konnte sie das nicht alles stemmen. Irgendwann verriet sie mir, dass sie mit der Klientel der Bücherstube nicht so gut klarkäme. Das sei ganz anders als mit ihrer früheren Kundschaft und mache ganz schön Druck auf die Psyche. Viel erklären brauchte sie mir nicht. Die Gründe bekam ich bei der Ausübung meines Tagewerks selbst frei Haus geliefert...

„Unheimliche Begegnungen der dritten Art"

Oft waren es ältere, stämmige Männer mit Dreitagebart, die den Laden betraten. Oft ist freilich nicht immer. Es kam auch regelmäßig ein kleines, dünnes Männchen herein, das aber wie ein großer, dicker in der Lage war, den nasalen Eindruck zu verbreiten, ich befände mich im Berliner Zoo und nicht in einer Bücherei. In solchen Momenten hätte ich mich gerne mal irgendwohin zurückgezogen, aber wohin? Als Alternativen boten sich an: die Toilette, die Küchennische oder die schöne Betonpiste im Hof vor dem Haus. Die Begegnung mit dem Publikum bot aber nicht nur der Nase ihre Herausforderungen, sondern auch dem Hirn. Nach eben der Devise, oft ist nicht immer, stand eines Tages ein schlankes, blondes Mädchen vor mir. Wow, dachte ich, bestimmt ist sie eine Studentin. Nein, sie zeigte mir brav ihren Arbeitslosengeldzweiempfängerausweis und wandte sich den Schallplatten zu. Sie interessierte sich sehr für Musik, für klassische Musik. Ich ermahnte mich noch, ‚Daniel, hefte deine Klüsen nicht zu auffällig an ihren Vorbau', da hob sie plötzlich zu einem Vortrag an, in dem sie mir einzureden suchte, die USA seien selbst schuld an ihrem 11. September. Das sei alles ihr eigenes Werk gewesen. Was hörte ich da aus dem Mund der schönen Fee? Die Bush-Regierung habe selber die Türme des World-Trade-Centers in New York zusammengefaltet. Da sie das offenbar ernst meinte, verwarf ich den Gedanken schnell wieder, sie vielleicht zu mir nach Hause einzuladen. Nicht auszudenken, wenn die Dame auf einmal kerzengerade neben mir sitzen würde vor Angst, es könnte eine Bombe unter meinem Bett liegen. Und ich müsste sie mit der Erklärung beruhigen: „Mensch Mädel, da tickt doch nur mein Wecker!" Aber es dauerte nicht lange, und ich konnte die nächste exzentrische Theorie in mein Notizbuch schreiben. Nur ein paar Tage später stand ein baumlanger Kerl mit langem, nach hinten gebundenem Haar im Raum. Er erzählte dem Schauspieler-Kollegen, dass Außerirdische schon dabei seien, die Regierungen der Erde zu unterwandern, um schließlich die gesamte Menschheit zu manipulieren. Sogleich verdichtete sich in meinem Kopf die Vorstellung, dass in der Hülle von Angela Merkel eigentlich ein Wesen aus Biokomplexen und kybernetischem Schaltwerk walte. Wo hatte er das bloß her? Eine Hauptquelle seines Wissens waren die Schriften von Erich von Däniken. Die seien, so schwor er uns, auf Punkt und Komma wahr – sozusagen wie die Thora, verkündet von Moses am Berg Sinai. Ehe ich mir das weiter auf der Zunge zergehen lassen konnte, kam eine Besucherin des Weges und hielt mir ein Buch unter die Nase: „Ich wollte nur sagen, das habe ich bei den Kinderbüchern gefunden". „Ja und?" „*Die Un-fähigkeit zu trauern* von Alexander und Margarethe Mitscherlich ist ein Klassiker der Psychoanalyse." Sie erzählte mir noch, dass die Autoren darin das ganze nachkriegstraumatisierte Deutschland auf die Couch legen, während ich einmal wieder die Fäuste in den Hosentaschen ballte. „Oh, vielen Dank, dass Sie das bemerkt haben. Ich werde es gleich bei der Psychologie einstellen."

Eine Herausforderung fürs Hirn war nicht nur der Inhalt der Theorien, oft war es auch die Länge, in der sie vorgetragen wurden. Die Kunden konnten damit locker eine Stunde und mehr die Aufmerksamkeit in Anspruch nehmen. So fühlte ich mich bald selber reif für die Couch. Es kostete ganz schön viel Energie, für die Leute den Frisör, den Barkeeper und den Pfarrer zugleich zu geben. Und mich mitunter gar in der Rolle der Polizei wiederzufinden. Alles für umsonst zu bekommen, ließ in so manchem Besucher auch die Ansprüche wachsen. Einer kam rein und sprach mit mir Englisch. Na gut, also zeigte ich ihm die englischen Bestände. Äußerlich entsprach er genau den Erwartungen an die Zielgruppe, ergänzt durch eine fette Hornbrille auf der Nase. Als er die noch nicht eingezählte, frische Lieferung edler Kunstausgaben auf dem Tisch liegen sah, war die englische Literatur schnell vergessen. Er rannte hinüber und begann aufzustapeln: „I want to have this, I want to have this, and I want to have this…" And so on, bis mir einfiel, ihn zu fragen, ob er überhaupt einen Nachweis seiner Bedürftigkeit habe. Auch erklärte ich ihm, dass man nur fünf Exemplare pro Woche mitnehmen könne, nachdem er schon wenigstens fünfzehn Bücher aufgeschichtet hatte. „Oooh, I am very needy." „Dann zeigen Sie es mir bitte." Gerade als sich herausstellte, dass er gar keinen Ausweis dabei hatte, bog der literaturbeflissene Kollege um die Ecke und meinte: „Letzte Woche haben Sie doch noch mit mir Deutsch gesprochen." „Wie bitte?" Während der Mann begann, die Bücher eilig zusammenzuklauben, brach sich in mir das Naturell eines Widders mit Löwe-Aszendenten Bahn, und ich riss ihm den Stapel wieder aus dem Arm. „Also verarschen lassen wir uns nicht!" „Verarrrrrschen?" Da er ohnehin schon in der Stimmlage eines Kastraten sprach, landete das Fragezeichen jenseits des hohen C. „Ja, Sie haben richtig gehört. Verarschen. Jetzt gehen Sie und lassen sich so schnell nicht wieder hier blicken!" Meine Karate-Kenntnisse wurden nicht benötigt. Mit sich überschlagender Stimme tobte er nach draußen: „Ich zahle so einen Haufen Steuern, damit solche Leute wie Sie arbeitslos sein können!" Aha, da war es wieder, das Gespenst des „arbeitenden Arbeitslosen". Mich gruselte; der Kerl wusste darüber erstaunlich gut Bescheid. Ein anderer Mann ging der Gefahr, sich mit der Belegschaft anzulegen, gleich ganz gekonnt aus dem Weg, indem er sich über die Tische vor dem Laden hermachte. Er öffnete seinen Rucksack und schaufelte die ausgelegten Bücher völlig wahllos hinein. Dumm für ihn war nur, dass ein Kollege gerade zufällig aus dem Fenster schaute. In Sekundenschnelle stand er neben ihm, und der Mann durfte seinen Sack wieder auskippen. Wieder ein anderer tischte mir die Erklärung auf, dass er die nächsten sechs Wochen nicht kommen könne. Da müsste es doch möglich sein, ihn ausnahmsweise mit zwanzig Exemplaren ziehen zu lassen. Nicht nur Rentner, auch Arbeitslose haben wohl niemals Zeit. Ich hielt es mit Gerhard Schröder: „Junger Mann, dies ist ein Angebot und kein Anspruch. Wir werden hier nicht noch eine Liste darüber führen, wer uns wann beehren kann. Für alle gelten die gleichen Bedingungen. Basta."

Mal den Polizisten, mal den Psychologen, mal den Pädagogen, mal die Putzfrau und mal den Bibliothekar zu spielen, überstieg langsam aber sicher meine Multitasking-Fähigkeiten. So schien es mir am gescheitesten, das in einer der Teamsitzungen mit der Chefin, Frau Leuschner, einmal zu thematisieren. Sie kam ein Mal wöchentlich zur Besprechung extra aus der Zentrale in der Nähe vom Tränenpalast beim Bahnhof Friedrichstraße angereist. Etwas vorheulen wollte ich ihr nicht, aber immerhin fühlte ich mich zum ersten Mal in meinem Leben tüchtig überfordert. Frau Leuschner bestätigte: „Ja, das ist eine anspruchsvolle Tätigkeit. Sie müssen schon etwas Einfühlungsvermögen haben und ein offenes Ohr für die Kunden. Die haben schließlich alle ihre Probleme." Dann schärfte sie der versammelten Mannschaft ein: „Machen Sie bitte nicht den Fehler, sich auf politische Diskussionen mit ihnen einzulassen. Das bringt niemandem etwas." Das ist mir auch klar. Niemandem bringt es etwas, wenn sich Arbeitslose gegenseitig wutschnaubend darüber unterrichten, „was die da oben alles machen" und welche Spielchen sie „mit denen da unten" treiben. Nur ließ sich der Mitteilungsdrang der Kundschaft gar nicht immer so ohne weiteres stoppen. Und erinnere die Ausweichmöglichkeiten: Toilette, Küchennische, Betonpiste. An dem Arbeitsprofil aber konnte die Chefin wohl kaum etwas ändern. Entweder man fühlte sich dem gewachsen und...? Lebt eigentlich Herr Däniken noch? Vielleicht hat er ja einen Rat. Oder ich lese mal nach bei Margarethe Mitscherlich.

„Seid bereit!" „Immer bereit!"

Das Spektrum der anspruchsvollen Tätigkeit beinhaltete in der Tat mehr als das bloße Annehmen und dosierte Weitergeben diverser Medien. So schaute Frau Leuschner auch regelmäßig vorbei, um mit dem Team die Außenwirkung der Bücherstube zu besprechen. Meist ging der Arbeitsplanung eine Erörterung der allgemeinen Lage im Lande voraus, die bis zu einer Stunde dauern konnte. „Allgemein" meint in diesem Fall politisch. Frau Leuschners eigene Beiträge spiegelten die Perspektive eines Menschen, der in der ehemaligen DDR eine gute Position eingenommen hatte und mit sich wie dem System im Reinen war. Irgendwann, irgendwo hatte ich im Zusammenhang mit dem Osten doch auch ihren Namen schon mal gehört. Leuschner? Tatsächlich grub mein Gedächtnis die Information aus, dass es einst einen Mann namens Bruno Leuschner gab. Er war in der DDR ein hohes Tier. Die Planwirtschaft im „Arbeiter- und Bauernstaat" musste doch von jemandem ordentlich geplant werden. Genau dafür war er in den fünfziger Jahren maßgeblich verantwortlich. Wegen dieser gewichtigen Rolle wurde nach ihm unter anderem eines der beiden von der DDR betriebenen Kernkraftwerke benannt. Das bei Greifswald hieß also nach Bruno Leuschner. Diese beiden Informationen sollten sich als richtungsweisend für die Zukunft der DDR erweisen. Die Planwirtschaft liegt inzwischen auf dem Friedhof der Geschichte. Und auch das Kernkraftwerk ereilte am Ende die Abrissbirne. Wann immer nun der Kaffeeduft wohlig durch die Bücherstube zog und die Sitzung eröffnet war, gab es viel Raum für das, was im Gespräch mit der Kundschaft tunlichst zu unterbleiben hatte: fürs Politisieren. Früher oder später mussten auch die neuesten Erkenntnisse zur Überwachung des halben Planeten durch die Geheimdienste der USA und der Briten zur Sprache kommen. Die in den Medien verbreitete Empörung über das flächendeckende Abgreifen von Daten aus privaten und betriebseigenen Computern schwappte auch durch die Reihen des Teams. Mich dagegen überraschte es überhaupt nicht, dass die Staatenlenker ihre Untertanen weiterhin schön in Schach zu halten suchten und sich dabei auch gerne gegenseitig halfen. Mein Redebeitrag zielte darauf, dass der einzige Unterschied zwischen früher und heute in den größeren technischen Möglichkeiten bestehe, mit dem Internet und der ganzen weltweiten Verdrahtung. „Das macht vieles einfacher und effektiver. Damals in der DDR gab es das alles noch nicht. Was die Stasi da leistete, war noch feine Handarbeit." Ich blickte in lange Gesichter und verstand nicht recht, warum.

Arbeitstechnisch galt die Aufmerksamkeit in den Zusammenkünften meist der großen Fensterfläche des Ladens und welche kreativen Mitteilungen über sie an die Außenwelt transportiert werden konnten. Der Arbeitgeber hieß ja nicht umsonst *Kreativzirkel gGmbH*. Das letzte Mal hatte ich so etwas in der Lehrzeit gemacht, allerdings nicht für ein Fenster, sondern für die Wand. Darum hieß das berüchtigte Medium denn auch Wandzeitung. Die kam schon in der Schule zum Einsatz. Es galt den Pionieren und FDJ-lern als Ehre, ein solches Utensil mit gestalten zu dürfen, offiziell jedenfalls. „Seid bereit!" „Immer bereit!" Inoffiziell war ihnen diese Ehre ziemlich egal. Es glaubte ohnehin kaum mehr jemand an die Sprüche, die auf einer Wandzeitung nicht fehlen durften. Etwa, dass „der Sozialismus siegt", während in der Kaufhalle selbst das Klopapier immer öfter immer früher alle wurde. Oder dass der technische Fortschritt unser Leben immer schöner mache durch den cleveren „Einsatz von Schlüsseltechnologien". Noch 1988 ließ sich Staatschef, Erich Honecker, feierlich einen Chip mit der sagenhaften Speicherkapazität von einem Megabit überreichen. Andernorts passte freilich schon damals etwas mehr auf so ein Stück Silicium. All das heißt aber nicht, dass sich die Wandzeitung nicht weiterhin prächtig bewährt zur Förderung des künstlerischen Talents von Kindern und Jugendlichen und all denen, die gern das innere Kind in sich wachhalten. Und die sich vertrauensvoll an die Hand nehmen lassen von der großen, nährenden Mutti des Sozialstaats, die ihnen schon sagt, was sie zu tun und zu lassen haben. Und wehe…!

Um die Gestaltung einer Wandzeitung effektiv zu planen, war es auch heute noch von unschlagbarem Vorteil, wenn einer die Funktion des Pionierleiters übernahm. In diesem Falle war das Frau Leuschner. Sie tat ihr Bestes, um ihre Zöglinge zur Planerfüllung zu motivieren und ungefähr alle zwei Monate eine neue Ausgabe der gläsernen Postille zu erschaffen. Der schöpferische Prozess wurde in Gang gesetzt und gehalten durch schlichte Fingerzeige wie: „Bis nächste Woche legen Sie mir eine Konzeption darüber vor, wie das Thema der verbrannten Bücher dargestellt werden soll, wie die Dichterportraits angeordnet sein werden und natürlich den Begleittext." Für letzteren war ich zuständig. Da die Aktionen immer möglichst kaum etwas kosten sollten, stand eine gute Weile die Frage im Raum, wie die Konterfeis der geächteten Dichter erzeugt werden konnten. Da stellte sich heraus, dass heutzutage auch ziemlich große Schwarz-weiß-Kopien einigermaßen erschwinglich sind. So blieb es mir und dem Kollegen von der Ego-Shooter-Front erspart, noch ein paar Nachtschichten einzulegen, um die schlauen Köpfe aus dem Internet abzumalen. Der Tag, an dem die Nazis ihre Bücherverbrennung zelebrierten, ist schließlich ein festes Datum im

Geschichtskalender. Das duldete keinen Aufschub. In Berlin war das der 10. Mai 1933. Während des gleichen Jahres aber fanden noch in 21 anderen Universitätsstädten vergleichbare Ereignisse statt. Neu war mir, dass nicht irgendein Staatsorgan sich das Ganze ausgedacht hatte, sondern ein nationalistischer Studentenbund. Das NS-Regime hat sich trotzdem gefreut. Denn, Zitat mein Text: „Was zeichnet eine ausgewachsene Diktatur aus? Sie versucht, so schnell wie möglich ihren Untertanen genau das abzugewöhnen, was für das Leben des Einzelnen in einer Gemeinschaft eigentlich unverzichtbar ist: die Fähigkeit, selber zu denken und gesellschaftliche Zusammenhänge zu durchschauen. Und sie leidet für gewöhnlich unter einer ausgeprägten Humorlosigkeit. Da sich das Hitler-Regime von Anfang an als eine ausgewachsene Diktatur etablieren wollte, ließ es den nationalsozialistischen Studentenbund auf die Schriften möglichst vieler Selberdenker und Spaßvögel los, damit diese effektvoll, öffentlich inszeniert im Feuer landeten." Ob dieses zentnerschwere Thema oder Sommer-Sonne-Urlaubsspaß oder die Welt der Kunst oder das Vergnügen, Weihnachten zu feiern mit dem Gänsebraten auf dem Tisch und der Leiche im Keller – immer wurde das Wort- und Bildmaterial gemeinsam in akribischer Kleinarbeit zusammengebastelt und garniert mit der entsprechenden Lektüre. Die Pioniere konnten stolz sein, vor allem, wenn die ganz normalen Bürger vor dem Fenster stehenblieben, es aufmerksam beäugten und mitunter sogar Fotos schossen mit ihrem Smart-Phone. Eine Jahresendprämie gab es natürlich nicht. Aber das anerkennende Schulterklopfen aus der Leitungsebene war ihnen sicher.

Nicht nur die gläserne Wandzeitung, auch das übrige Arbeitsgerät sollte möglichst wenig Spuren in der Kasse der *Kreativzirkel gGmbH* hinterlassen. So verdankte die Bücherstube ihr Inventar weitgehend der Freizügigkeit verschiedener Personen und Institute, vom Regal übers Gestühl bis hin zum Computer. Natürlich stellt der edle Spender auch da nicht gerade seine neuesten Errungenschaften zur Verfügung. So konnten die PCs meist kaum die Datenmengen bewältigen, die aus dem Internet durch die Leitung schwappten. Aber auch simple Schreibarbeiten wurden schnell zur Geduldsprobe, weil die Hardware aus dem letzten Jahrhundert selbst von dem kostenlos heruntergeladenen Office-Programm mittelschwer überfordert war. Da blieb oft reichlich Zeit, sich entspannt zurückzulehnen und die Arme zu verschränken, ehe auf dem Bildschirm das eben getippte Komma sichtbar wurde. Um das auf Dauer unbeschadet zu überstehen, hätte ich das mentale Training eines buddhistischen Mönches gebraucht, der sich schon früh um Vier zur ersten Meditation des Tages von seinem Nachtlager erhebt. Da ich aber nun mal kein Buddhist bin, sondern ein Widder mit

Löwe-Aszendent, hämmerte ich kräftig auf der Tastatur herum, nur um so wirksam zu sein, wie wenn ich mit den Fingern auf mein Frühstücksbrettchen trommelte. Den Computer aus dem Fenster werfen, kam nicht in Frage. Die Fensterfront ließ sich nicht öffnen. Es lohnte sich auch gar nicht, denn die Bücherstube lag ebenerdig. Und da war doch noch was: der Computer gehörte nicht mir. Also ließ ich wenigstens einmal lustvoll die wirkungslose Mouse quer über den Tisch fliegen. Der PC wurde mir zum Gleichnis. So wie er mich in meinem Tatendrang ausbremste, erreichte ich schließlich auch sonst für gewöhnlich nicht viel. Sonst wäre ich ja nicht hier. Das Ergebnis der Teamsitzung mit dem Tagesordnungspunkt Elektroschrott war, O-Ton Frau Leuschner: „Tut mir leid, Sie müssen mit dem auskommen, was wir haben. Etwas Neues kaufen, kann sich der Kreativzirkel nicht leisten." Beim nächsten Ringkampf mit dem Computer warf mir der junge Kaufmanns-Kollege die Frage zu: „Was machst Du aber auch bloß den ganzen Tag am PC?" Er selber konnte damit ja gleich gar nicht auf dem Kampf-Parcours trainieren, weil er da statt flotter Verfolgungsjagden nur Standbilder zu sehen bekam. „Was halt ein Schreiberling so tut, wenn es keine Bücher mehr zu sortieren gibt und sich des Besucherstromes Wogen mal wieder ganz weit weg verzogen: Schreiben natürlich. Und von wegen mit Tinte, Feder und Papier…, auch der moderne Schriftsteller kann heute nicht mehr ohne Technik. Schon der große Philosoph, Dieter Hildebrandt, meinte im Blick auf PC und TV: ‚Bildung kommt von Bildschirm. Wenn es von Buch käme, hieße es ja Buchung'."

Auf Knall und Fall

Wie ambitioniert auch immer die Tätigkeit war, die Lebensperspektive der Belegschaft in der Bücherstube unterschied sich letztlich kaum von der ihrer Kunden. Das musste sich früher oder später aufs Arbeitsklima auswirken. Wenn bis zu sieben Leute für Stunden, Tage und Monate in einem Raum zusammen sind, lernen sie ohnehin einander näher kennen, als ihnen mitunter lieb ist. Die ältere der zwei Frauen ohne Berufsausbildung konnte in der guten, alten Zeit wenigstens noch in einer Feinmechanik-Werkstatt mitarbeiten. Heute lässt man auch da keinen mehr ran ohne Zertifikat. Da geht es ihr wie mir. Wie sagte doch schon Herr Wanka? „Sie haben wie ich nichts gelernt…" Nach der guten, alten Zeit, die ich nicht mehr kennengelernt habe, blieben auch ihr nur die Beschäftigungsmaßnahmen. Einer der Arbeitslosenarbeitgeber, erzählte sie, übertrug ihr die verantwortungsvolle Aufgabe, in einem bestimmten Stadtgebiet alle beschmutzten und beschädigten Straßenschilder aufzulisten. Profitierte also nicht nur das Umweltministerium vom „zweiten Arbeitsmarkt", sondern auch das Verkehrsresort? Na ja, nicht wirklich. Als die Frau Jahre später einmal wieder in dieser Gegend spazieren ging, waren die Schilder so beschmutzt und beschädigt wie zuvor. Auch der fröhliche Kollege, der sich sonst so erfolgreich durch alle Kriegsschauplätze der virtuellen Welt kämpfte, schien zuweilen enttäuscht vor seiner eigenen Geschichte zu kapitulieren. Zumindest, wenn er mir in der Raucherpause gestand, was er von sich selber hielt: „Ich bin doch der letzte Arsch. Ich kriege nichts zustande. Sonst würde ich ja nicht immer nur so 'ne Dinger hier machen, die mit echter Arbeit nix zu tun haben." Ich versuchte ihn aufzumuntern: „Sag doch sowas nicht. Was man erreicht oder nicht, hat nicht immer nur mit einem selbst zu tun. Da müssen doch auch andere mitmachen. Es sei denn, Du willst Dein eigener Chef sein und machst Dich selbständig. Aber auch da müssen andere bereit sein, für Deine Produkte zu bezahlen." Ich hatte es versucht, aber dann erinnerte er sich an eine frühere Maßnahme: „Da musste ich schon mal Pillen nehmen, weil ich nicht damit klarkam, mit so etwas gleichgesetzt zu werden…". Der junge Mann war doch nicht ganz der Tausendsassa, für den ich ihn gehalten hatte. „Was meinst Du mit ‚so etwas'?" Er zeigte nur stumm auf das Stühlchen vor der Fensterfront, wo ab der Spätschicht wieder der studierte Mathematiker sitzen würde, um Sudoku-Rätsel zu lösen und sich eine Zigarette nach der anderen anzustecken. Seine Kleidung schien er nie zu wechseln, und die Hose fiel ihm schon fast buchstäblich vom Leib. Die Jeans wurde nur noch von Sicherheitsnadeln und Büroklammern zusammengehalten. „In der früheren Crew gab es davon viel mehr." Mich störte er eigentlich nicht. In der Regel saß er ja still da und tat niemandem etwas. Das aber änderte sich schnell, sobald er sich doch einmal in der Stube niederließ und dann eine Melange aus altem Käse und Urin den Raum erfüllte. Dann hätte sich gern auch so manch anderer Kollege die Nase geklammert, was mir vor allem dann ans Ohr drang, wenn der manch andere Kollege mit mir allein war.

Wie dem auch sei, versuchte ich die Anwesenden möglichst gut zu unterhalten mit dem Erzählen von Histörchen oder mit Führungen durch den von mir am tiefsten durchschauten Bestand. Aber ich bediente mich dabei wohl nicht immer der richtigen Mittel. Eines Tages wähnte ich mich allein mit einer Rentnerin und dem jungen Kaufmanns-Kollegen. Die Dame fühlte sich ungerecht behandelt, weil sie auch in der Bücherstube einmal wieder knapp an den Bedürftigkeitskriterien vorbeigeschrabbt war. Zur unterhaltsamen Ablenkung begann ich, den beiden meine Theorie der multiplen Lose zu erklären. Ich hatte die Idee des Mannes, mit dem ich einst in der Kirche zusammen auf die Lebensmittel wartete, inzwischen weiterentwickelt – wie sich das für einen Philosophen gehört. Die Rentnerin platzte dazwischen, man müsste mal wieder ordentlich demonstrieren gehen. „Och nö", erwiderte ich, „auch die unordentlichen Demos habe ich mir schon in der Studienzeit schnell wieder abgewöhnt, weil wir schon damals nie etwas damit erreichten. Das ist doch nur viel Lärm um nichts." Dann fuhr ich fort, ihr die Theorie zu erläutern auch als Trostpflaster, dass sie sich immerhin nicht zum Heer der Hartz-Vier-Loser zu zählen braucht. Ich erntete verständnisvolles Nicken, als plötzlich wie ein Tiger aus dem Dschungel eine Frau zwischen den Regalen hervorsprang und brüllte: „Was haben Sie gesagt?! Hartz-Vier-Loser?! Bin ich etwa ein Hartz-Vier-Loser?! Ich bin eine Hartz-Vier-Empfängerin und kein Loser! Das darf doch nicht wahr sein!" „Moment mal! Ich habe doch mit Ihnen gar nicht gesprochen. Ich wusste ja nicht einmal, dass Sie hier sind." Ihre Reaktion wollte nicht recht zu meiner Erklärung passen. „Ich habe schon gewusst, warum ich solche Angst hatte, als die Mauer aufgemacht wurde und dann diese Vereinigung kam!" Wie kam sie denn jetzt darauf? Ach so, ganz einfach. Auf die originelle Weise brauchte sie erst gar nicht mehr zu fragen, wo ich denn „eigentlich herkomme". „Darüber habe ich mich damals auch nicht gerade gefreut", wollte ich sie noch verstehen. Aber was sie dann sagte, ließ mich vom Widder zu einem Stier mutieren. Wirkungsvoller hätte ein Torero dem Ochsen nicht mit seinem Tuch vor der Nase herumfuchteln können. „Ich ahnte schon Böses, als ich sah, was da aus dem Osten in unser Land schwappt und uns alles kaputt macht! Was Sie Lärm nennen, ist ein demokratisches Grundrecht! Es ist noch schlimmer, als ich befürchtet hatte!" Dann trat sie schnell den Rückzug an, als ahnte sie jetzt aber auch, dass sie überreizt hatte. Ich eilte hinter ihr her und schaltete das Megaphon ein: „Was denn, nehmen Ihnen die Ossis etwa die Sozialhilfe weg? Wenn Sie so zufrieden mit Ihren demokratischen Grundrechten sind, warum machen Sie dann hier überhaupt so ein Theater?!" Während die rhetorische Frage in der Berliner Luft verhallte, machte sie sich mit ihrem Fahrrad davon.

In der Aussprache zum Thema Benimmse wie ein Stier in der Arena zeigte Frau Leuschner wenig Verständnis: „Sie haben die Kundin beleidigt." „Hab ich nicht!" „Hören Sie auf, Sie haben es mir doch selbst erzählt." „Ja, um Sie zu informieren, dass vielleicht eine Beschwerde kommt. Aber einen Grund dafür gibt es nicht. Ich kann nicht jemanden beleidigen, von dem ich nicht weiß, dass er überhaupt existiert. Und was die alles losgelassen hat..., da sind wir mehr als quitt." Nachdem das Gespräch einige Runden um die explosiven Highlights meiner Dienstzeit gekreist war, kehrte ich zu meiner lieben Not mit der fehlenden Sozialpädagogen-Expertise zurück. „Ich bin einfach nicht dafür geeignet, mit Sozialfällen zu arbeiten. Das sind doch zum Teil schon ganz schön abgewrackte Leute. Ich bin darin halt kein Naturtalent. Sterbebegleitung kann auch nicht jeder." „Abgewrackte Leute? Na, na, na, schauen Sie mal nicht so von oben auf die anderen herab. Sie kriegen selber bloß Hartz." Aha, erst ist die Tätigkeit so anspruchsvoll, und jetzt selber bloß... Das war der Widerspruch, der die ganze Zeit schon unterschwellig wirkte. Und da er mir unlösbar schien, blieb mir nichts weiter übrig, als meinen Dienst zu quittieren. Als ich Frau Leuschner in ihrem Büro zurückgelassen hatte, atmete ich tief durch. So konnte es nicht weitergehen. Jetzt musste definitiv etwas Neues beginnen. Ich hatte auch schon eine Idee.

Epilog

Jetzt war ein Punkt erreicht, wo selbst die Irrfahrt von Odysseus und seinen Gefährten als Sinnbild fürs Leben einfach nicht mehr passte. Das Hamsterrad aus Arbeitslosenbeschäftigungs- und -bildungsmaßnahmen lässt sich symbolisch wohl trefflicher vergleichen mit der Besatzung einer Galeere. Alle, die das Pech hatten, auf einem solchen Schiff zu landen, waren von nun an gleich. Es interessierte niemanden mehr, woher die Leute kamen und was sie früher konnten. Jetzt saßen sie zusammengekettet im Bauch des Schiffes, um im ewig gleichen Trott an den Rudern zu ziehen. Ich bin unterwegs Menschen der unterschiedlichsten Couleur, Ausbildungsstände, Interessen und Talente begegnet, die das nun schon seit vielen Jahren tun – im Trommelrhythmus der Vorgaben vom Sozialstaat.

Als ich neulich wieder vor dem Glaspalast von Axel Springer stand und zu der Figur aus Bronze hinaufschaute, sah ich mich schon selber in ihr auf dem schmalen Grat entlangtaumeln. Hinter dem Mann im weißen Hemd kullern noch ein paar Mauerteile auf der Erde herum. So oft war ich schon hier, aber das fiel mir jetzt erst auf. Als die Berliner Mauer abmontiert und verschrottet wurde, berührte einst die große Weltgeschichte meine kleine Lebensgeschichte unmittelbar. Wie ich offenbar von Balkenhols Werk bisher immer nur einen Teil wahrnahm, hatte sich auch sonst mein Blick inzwischen ziemlich verengt. Das gab mir zu denken. Es war höchste Zeit, von dem schmalen Grat herunterzusteigen und wieder ein freier Mensch zu werden. Ich habe nichts gelernt? Doch, lesen und schreiben. Ich werde wieder schreiben. Aber jetzt werde ich die Philosophiebücher, ja selbst die Bibel beiseitelegen. Dieses Mal soll es um das wahre Leben gehen, ohne viel Deutung. Ich schreibe über das Leben eines Habenichts. Schon heute fange ich damit an.